Was stimmt?

Judentum

Die wichtigsten Antworten

HERDER spektrum

Band 5796

Das Buch

Ist das Judentum eine Religion der Angst und der Rache? Überschattet von der Allmacht des Gesetzes und geprägt von Anmaßung und Rassenstolz? Unterliegt es einem unerfüllbaren Utopismus, und ist es in überkommenen patriarchalen Strukturen erstarrt? Kaum eine Religion sieht sich mit so vielen Vorurteilen und Stereotypen konfrontiert wie das Judentum. Das beginnt bereits mit der Vermutung, das Judentum sei Ursprung oder Mutter der christlichen Religion. Micha Brumlik führt ein in eine widersprüchliche und faszinierende Einheit von Glaube, Volk und Religion. Er zeigt die Ursprünge des Judentums in seiner heutigen Form und widmet sich dem schwierigen Verhältnis von Christentum und Judentum. Ausführlich würdigt er die Stellung der Frau und klärt auf über die vermeintliche Auserwähltheit des Volkes Israel.

Der Autor

Micha Brumlik, Dr. phil., geboren 1947. Seit 2000 Professor am Institut für Allgemeine Erziehungswissenschaft der Johann Wolfgang Goethe-Universität, Frankfurt a. M. Daneben leitete er von Oktober 2000 bis 2005 als Direktor das Fritz Bauer Institut, Studien- und Dokumentationszentrum zur Geschichte und Wirkung des Holocaust in Frankfurt a. M. Zahlreiche Publikationen.

Micha Brumlik

Was stimmt?

Judentum

Die wichtigsten Antworten

HERDER

FREIBURG · BASEL · WIEN

Gedruckt auf umweltfreundlichem,
chlorfrei gebleichtem Papier

Originalausgabe

www.herder.de
Gesamtherstellung: fgb · freiburger graphische betriebe 2007
www.fgb.de
Umschlaggestaltung und Konzeption:
R·M·E München, Roland Eschlbeck, Liana Tuchel
Covermotiv © Jupiter Images
Autorenfoto © Werner Lott
ISBN: 978-3-451-05796-0

Inhalt

Einleitung

Jüdisches Selbstverständnis

Was ist das Judentum seinem Selbstverständnis nach? Eine Frage, die sofort eine weitere nach sich zieht: Welchen Anteil hat der Missbrauch von Schriften des Neuen Testaments bei der Ausbildung des kirchlichen Judenhasses gehabt – eines Judenhasses, der schließlich zu einer wesentlichen Bedingung des Massenmords an den europäischen Juden wurde?

Judentum und Christentum – Nähe und Rivalität

1938 publizierte Rabbiner Leo Baeck, der letzte bedeutende Repräsentant des deutschen Judentums, seine bahnbrechende Schrift »Das Evangelium als Urkunde der jüdischen Glaubensgeschichte«, in der er feststellte, dass das Evangelium Jesu und die Evangelien jüdische Bücher seien. Das Evangelium, so Baeck, sei ein jüdisches Buch, weil »die reine Luft, die es erfüllt und in der es atmet, die der Heiligen Schrift ist, weil jüdischer Geist, und nur er, in ihm waltet, weil jüdischer Glaube und jüdische Hoffnung, jüdisches Leid und jüdische Not, jüdisches Wissen und jüdische Erwartung, sie allein, es durchklingen – ein jüdisches Buch inmitten der jüdischen Bücher. Das Judentum«, so schließt Baeck, »darf nicht an ihm vorübergehen, es nicht verkennen, noch hier verzichten wollen. Auch hier soll das Judentum sein Eigenes begreifen, um sein Eigenes zu wissen.«

Bei der großen geschwisterlichen Nähe von Judentum und Christentum kann heftige Rivalität zunächst nicht erstaunen, freilich hat diese Rivalität in der Geschichte des christlichen Abendlandes oft genug – bis hin zum Nationalsozialismus – grausame und blutige Konsequenzen gezeitigt. Dessen ist sich eine gebildete Öffentlichkeit heute ebenso bewusst wie eine aufgeklärte Geistlichkeit beider christlicher Konfessionen. Im Rückblick auf den Holocaust und die Mitschuld der christlichen Kirchen als Institutionen wird heute anders – sensibler, historisch bewusster sowie weniger abgrenzend – geforscht, gelehrt und gepredigt.

Das Überleben der Vorurteile

Indes: Nach wie vor finden sich allem guten Willen zum Trotz in der Predigt wie in theologische Erklärungen und nicht zuletzt auch im öffentlichen Diskurs überkommene Vorurteile, die, so gut sie auch gemeint sein mögen, die Unheilsgeschichte abendländischen Judenhasses fortsetzen. So gilt das Judentum etwa als der alttestamentarische Glaube des »Auge um Auge, Zahn um Zahn« und also als »die Religion der Rache«. Vor dieser Kulisse gilt das Judentum als die Religion, die den Glauben an Gottes Gnade nicht kennt, ihre Anhänger deshalb unter neurotischen Handlungsdruck stellt und somit als »die Religion der Angst« zu gelten hat, als eine Religion, die im Gegensatz zum christlichen Evangelium der Gnade eine harte Religion des Gesetzes ist. Und diese kennt vielleicht einen gerechten Gott der Rache, aber keinen liebenden Gott der Gnade und Vergebung, weswegen sie sich letztlich als eine »Religion des Gesetzes« erweist. Die Angst muss durch getreuliches, ja ängstliches Befolgen auch unverstandener Weisungen gebunden werden, weshalb das Judentum eine Religion ohne Innerlichkeit ist und sich als ein Glaube zeigt, der sich im Ausleben eines leeren Ritualismus erfüllt, als eine »Religion des Ritualismus«.

Schließlich kommt ein von Nichtjuden seit jeher argwöhnisch betrachtetes Selbstverständnis der Juden als das von Gott erkorene, erwählte Volk hinzu, als Volk, das von einer hybriden und arroganten Überzeugung des Auserwähltseins getragen ist. Das Judentum erscheint so als »Religion der Anmaßung und Überheblichkeit«, als eine Religion, die Gottes Verheißungen vor allem der eigenen Anhängerschaft zukommen lässt. Eine Religion also, zu der man in vermeintlich rassistischer Weise nur durch Geburt gehören kann, womit sich das Judentum als »die Religion des Rassenstolzes« erweist. Dem entspreche eine krasse Diskriminierung im Innern der jüdischen Gemeinschaft, sei doch das Judentum jene Religion, in der nicht zufällig Frauen nach wie vor massiv unterdrückt werden, und also »die Religion des Patriarchats«. Auserwähltheitsglaube, Patriarchalismus und konkretistisches Haften an weltlichen Versprechungen wie soziale Gerechtigkeit hier und biblische Landverheißung dort verleihen dem Judentum jene Doppelstruktur, die es zugleich zum Volk – heute sagt man »Ethnie« – macht und es so besonders zur Aufnahme extremistischer, rechter und linker Ideologien geeignet sein und es daher zu einer entweder

»utopistischen oder nationalistischen Religion« werden lässt. Gleichwohl – so das Vorurteil – hat all dies die Juden nicht glücklich gemacht. Damit erweist sich das Judentum als ein Glaube, der ganz Verheißung ist, aber keine Erfüllung kennt, d. h. als »die Religion der Sehnsucht«.

Die vorliegende Einführung in das Judentum versteht sich als eine Einführung in die jüdische Religion – eine Einführung, die sich dem Geist des Judentums und seiner Frömmigkeit über seine liturgischen Texte, über seine Gebete nähert. Darüber hinaus will sie deutlich machen, dass die jüdische Religion nicht – wie häufig gemeint – einfach die in die Gegenwart übertragene Fortsetzung des Glaubens der Israeliten in der Antike oder des Judentums der Zeit des ersten oder zweiten Tempels ist. Die jüdische Religion, wie sie sich heute in den verschiedensten Formen – von ultraorthodox bis liberal – zeigt, ist die Religion des rabbinischen Judentums, das gleichzeitig mit oder kurz nach der christlichen Religion entstanden ist.

Als Einführung in die jüdische *Religion* kann sie eine Einführung in die jüdische Geschichte, die jüdische Kultur und Zivilisation nicht ersetzen, obwohl doch im Judentum, wie in keiner anderen Religion, Glaube und Ethnizität zusammengehören. *Warum* das – theologisch – so ist, will diese Einführung zeigen, *wie* sich diese Einheit historisch und kulturell über mehr als zwei Jahrtausende entfaltet hat, muss einer anderen Darstellung vorbehalten bleiben.

Grenzlinien einer Religion

»Die Juden sind alle Zionisten«

Die widersprüchliche Einheit von Glaube, Volk, Religion und Staat

Religion, Volk und Kultur

Wird im Folgenden das Judentum in seiner Vielfalt als Religion, Volk und Kultur dargestellt, kann es dabei nur um das moderne Judentum gehen, das sich in der Zeit zwischen Aufklärung und Zionismus auf dem Boden einer mittelalterlichen, traditionellen Gemeinschaft entfaltete, die noch keine Trennung von Religion und Volkszugehörigkeit kannte und die Religion auch noch nicht als Privatangelegenheit verstand. Der Typik der Entwicklung wegen schildere ich vor allem die Geschichte der Juden in den deutschen Ländern.

Von Ausnahmen abgesehen, lebten die Juden West- und Mitteleuropas während des Übergangs zur Moderne als meist nur mäßig gebildete, ökonomisch oft benachteiligte sowie in ihrem Selbstverständnis traditionalistische Gemeinschaft und fanden den Sinn ihrer kollektiven Existenz im Leben gemäß der Tora, in den Weisungen des Religionsgesetzes, dessen göttlichen Ursprung sie im Alltag beglaubigten. An denjenigen Juden, die unter der Führung von Rabbinern in mehr oder minder abgeschlossenen Gemeinden lebten, gingen jene geistigen Erneuerungsprozesse, die die christliche Welt seit Renaissance und Reformation umtrieben, zunächst vorbei. Wenige nur, als Kaufleute oder Hoffaktoren jenseits der Ghettomauern lebend, kamen in Kontakt mit säkularer Philosophie und Wissenschaft.

Haskala – die jüdische Aufklärung

Das Unbehagen, dem sie aus ihrer privilegierten Position heraus und im Lichte der modernen Philosophie Ausdruck verliehen, gab der hebräisch »Haskala« genannten jüdischen Aufklärung den wesentlichen Impuls. Die Haskala, die dem Wortstamm nach auf das hebräische »Sekel« (Verstand) Bezug nimmt, folgte einem doppelten Programm: die Juden zu Juden und die Juden zu Menschen zu bilden. Während das Programm einer Aufklärung der Juden als Menschen diese zu gleichwertigen und gleichberechtigten Mitgliedern der bürgerlichen Gesellschaft machen wollte, ging es bei einer Aufklärung der Juden als Juden um ein neues, zeitgemäßes theologisch-religiöses Selbstverständnis.

So war erstens zu erweisen, dass die Weisungen des Glaubens nicht mit den üblichen staatsbürgerlichen Pflichten in Konflikt geraten, und zweitens darzutun, dass die Kontinuität verbürgenden Lebensregeln der Tora nicht in Widerstreit mit der Vernunft liegen. Im Leben und Werk Moses Mendelssohns, der als orthodox lebender Jude die Religion gleichwohl auf Vernunft gründen wollte, fand diese Haltung lange vor der Säkularisierung ihren vornehmsten Ausdruck. Der in Berlin wirkende aufklärerische Popularphilosoph war ein Bekannter Immanuel Kants und ein enger Freund von Lessing. Die eigene, jüdische Religion galt Mendelssohn als Inbegriff einer höheren moralischen Haltung, die freilich in den vielfältigen jüdischen Zeremonialweisungen nicht zu finden war. Diese Schwierigkeit löste Mendelssohn in seinem 1783 erschienenen Buch »Jerusalem« mit der Annahme, dass die am Sinai offenbarte Tora weniger eine Offenbarung des Glaubens denn ein Erlass weltlicher Gesetze gewesen sei. Als Glaube enthielt das Judentum nichts anderes als den Kern, den jede auf Vernunft gegründete Religion trage: allgemeine Grundsätze der Moral.

Moses Mendelssohn, 1729–1786

Reformjudentum und »ethischer Monotheismus«

Mendelssohns Philosophie und ihre Fortentwicklung durch seine Schüler ermöglichten es den Juden, auch in christlich-bürgerlichen Gesellschaften einerseits an den von Gott offenbarten sittlichen Vernunftkern der Tora zu glauben und anderseits als Staatsbürger, ganz wie es schon die spätantiken Rabbinen forderten, den Gesetzen der jeweiligen Länder zu gehorchen. Das auf Mendelssohn und seine Schüler folgende Reformjudentum reduzierte schließlich den über

Jahrhunderte als fraglos überlieferten Glauben auf wenige moralische Prinzipien und verstand die jüdische Religion nicht mehr als von Gott gewollt, sondern als von der jeweiligen historischen Situation provoziert. Indem der Gott des Judentums und der ganzen Menschheit seines konkreten Kontextes in der jüdischen Geschichte und im Lande Israel entledigt wurde, wandelte er sich von einem personalen Gott zu einem unpersönlichen, moralischen Prinzip – zum Grunde dessen, was gemeinhin als »ethischer Monotheismus« bezeichnet wird. Die Widerstände, mit denen diese Haltung zu rechnen hatte, fanden in einer Glaubensrichtung Ausdruck, die heute als Ultraorthodoxie gilt, aber alles andere als das alte, ursprüngliche Judentum verkörperte, sondern im Kern kaum weniger modern war als die Reform selbst. Zur selben Zeit und im Widerspruch zur Haskala entstanden, lässt sich die moderne Orthodoxie als reaktionär bezeichnen, erwuchs sie doch unter dem Schutz politischer Macht, in diesem Fall unter dem der reaktionären, das revolutionäre und napoleonische Frankreich besiegt habenden Preußen und Österreichs.

Moderne Orthodoxie

Wesen des Reformjudentums

Im Rückblick wird deutlich, dass das Reformjudentum sich einem ebenso staatsbürgerlich-emanzipatorischen wie auch assimilationistischen Impuls verdankte, seine theologischen Motive weniger den Schriften selbst als der Philosophie der Aufklärung und den entstehenden, historisch ausgerichteten Geisteswissenschaften entnahm und seine Liturgie im Wesentlichen einem bildungsbürgerlichen, auf Ästhetik und Würde setzenden Protestantismus abgeschaut hatte. Die liturgischen Änderungen, die sowohl das halachisch zulässige Vortragen mancher Gebete in der Landessprache, aber auch das Spielen der Orgel und die Verlegung des Torapults aus der Mitte des Gebetsraums an seine Stirnseite als auch das Umbenennen der Synagoge beinhalteten, waren von höchster Signifikanz. Die Orthodoxie verzichtet demgegenüber auf das Spielen erbaulich wirkender Musikinstrumente – nicht so sehr des feiertäglichen Arbeitsverbots wegen, sondern im Gegenteil aus Trauer über die Zerstörung des Tempels, in dem das Spielen von Instrumenten eine tragende Rolle spielte. Indem die Reform die Tora nicht mehr mitten unter den Betern, sondern von oben verlesen ließ, schloss sie sich der protestantischen Kontrolle der Geistlichen über das verkündete Wort an und entfremdete es der Gemeinde. Indem sie ihre Gebetshäuser »Tempel« und nicht mehr »Synagogen« nannte, bekannte sie sich zu einer Verwurzelung in der Diaspora und zur Absage an jeglichen Wunsch einer Rückkehr nach Zion und der Wiedererrichtung des Tempels. Gebete, die das Land Israel und die Rückkehr dorthin ersehnten, schienen mit dem Leben als voll integrierter Staatsbürger unvereinbar zu sein. Das Reformjudentum, so ließe sich sagen, entsteht als eine von den prophetischen Schriften getragene, universalistische Konfession von Nationalstaatsbürgern.

Halacha: Rechtssatz, verbindliche religionsgesetzliche Überlieferung, das gültige Religionsgesetz

Konservatives Judentum

Das von dem Rabbiner Zacharias Frankel begründete, konservative Judentum ist um einen Mittelweg zwischen Orthodoxie und Reform bemüht, indem es grundsätzlich an der Tradition festhält und diese nur dann ändert, wenn – wie stets im rabbinischen Judentum – die Zeitumstände das fordern. So erlaubte etwa das konservative Judentum der USA das Autofahren am Sabbat, da es wichtiger sei, aus den ausgedehnten Vorstädten in eine weit entfernte Synagoge zu fahren, als in strikter Observanz ohne Toralesung und gemeinsames Gebet zu Hause zu bleiben. So erlaubt das konservative Judentum weiterhin die Ordination von Frauen zu Rabbinerinnen und Kantorinnen, tut das aber nicht in prophetisch-moralischer Vollmacht, sondern aus genauestens ausgeführten talmudisch-halachischen Begründungen heraus.

Zacharias Frankel, 1801–1875, ab 1854 Direktor des Jüdisch-Theologischen Seminars in Breslau

Reformjudentum heute

Wie aktuell sind die ursprünglich reformjüdischen Positionen heute? Nach der Revolution von 1848 wanderten viele demokratisch gesinnte reformjüdische Rabbiner in die USA aus, wo sich das Reformjudentum in den nächsten 150 Jahren zur weitaus größten Strömung innerhalb des amerikanischen Judentums entwickeln sollte, und vertraten dabei in der Tradition der deutschen Reformjuden eine Sicht des Judentums als reine Konfession – womit sie in Gegensatz zum Zionismus gerieten. Spätestens 1967, nach dem Sechstagekrieg, haben die offiziellen Organisationen des US-amerikanischen Reformjudentums ihre kritische Haltung zu Israel und dem Zionismus aufgegeben, in Jerusalem eine Zweigstelle seiner zentralen Ausbildungsstätte, des Hebrew Union College, etabliert und damit die auf die Diaspora zentrierte Theologie wesentlich korrigiert.

Schon die deutsch-jüdischen Theologen der 1920er Jahre, die Baeck, Rosenzweig und Buber, hatten diese rein konfessionsbezogene Sicht korrigiert, doch dauerte es lange, bis ihre Lehren in die Theologie des Reformjudentums Eingang gefunden hatten. Indem das Reformjudentum aufgrund seiner Prinzipienorientierung von allen liturgischen Strömungen die epochale Frage der Emanzipation der Frauen als Erste aufgenommen hat, Frauen im Gottesdienst und bei der Bestallung zum Rabbiner- und Kantorenamt gleichstellt, hat es vorweggenommen, was etwa die konservative Strömung später mühsam, aber stets im Rahmen der halachischen Auslegung gleichermaßen erreicht hat.

Geschichtlichkeit der Tradition

Bei der Auseinandersetzung zwischen Reform und Orthodoxie geht es letztlich um die Frage nach der Geschichtlichkeit jüdischer Tradition. Während die Reform sich paradoxerweise in ihrer relativen Modernität als historisch nicht zu überholen präsentiert, hat die moderne Orthodoxie – wohl gegen ihren Willen, aber im Einklang mit den biblischen Quellen – die eigene Partikularität und Geschichtlichkeit mit zum Teil verheerenden politischen Konsequenzen eines bewussten Fundamentalismus akzeptiert. Trotz vieler Vermittlungsversuche kann die deutsche, von Samson Rafael Hirsch geprägte Neoorthodoxie, die den Gedanken einer ewig gültigen Offenbarung mit einem zumindest kulturell modernisierten Lebensstil in Übereinstimmung zu bringen suchte, diesen Streit bis heute nicht schlichten.

Es war der in Ost- und Westeuropa in unterschiedlicher Weise auf den modernen Antisemitismus reagierende Zionismus, der nach der Krise

Zionismus

Am 19.4.1927 schrieb der aufs schwerste an unheilbarem Muskelschwund erkrankte Franz Rosenzweig seinem 1909 zum Protestantismus übergetretenen Cousin Hans Ehrenberg einen seiner letzten Briefe. Rosenzweig, der Bekehrungsversuchen zum Trotz beschlossen hatte, Jude zu bleiben, und lange Zeit einem zwar nationaljüdischen, aber gewiss nicht zionistischen Selbstverständnis anhing, versuchte, Ehrenberg den Sinn des Zionismus im Geist des religiösen Sozialismus zu erklären: »Du kannst dir den Zionismus verdeutlichen an der Bedeutung des Sozialismus für die Kirche. So wie die Sozialdemokratie, auch wenn nicht ›religiös-sozialistisch‹, ja sogar wenn ›atheistisch‹ für die Verwirklichung des Gottesreichs durch die Kirche wichtiger ist als die Kirchlichen, sogar die wenigen Wirklichkirchlichen, und erst recht wichtiger als die ungeheuere Masse der Halb- oder Ganzindifferenten, so der Zionismus für die Synagoge.«

der Assimilation ein neues Selbstverständnis des Judentums provozierte. Die Juden galten nun nicht mehr als Angehörige einer Konfession, sondern als Angehörige einer weltweit mehr oder minder verfolgten Ethnie, die ihre Identität und physische Sicherheit nur mehr in einem territorial abgesicherten Nationalstaat garantiert sahen.

Ursprünglich sollte der Zionismus – so sein politischer Begründer, Theodor Herzl – ein weitgehend philanthropisches Unternehmen zur Rettung bedrohter Juden in nationalstaatlicher Form sein. Dieses Projekt zielte zugleich auf eine nationalstaatliche Neugründung der religiös verankerten jüdischen Ethnie auf dem Territorium des biblischen Landes Israel. Für das Judentum hatte das überhaupt erst nach der Shoah und der jüdischen Staatsgründung verbreitete, nationalstaatliche Bewusstsein eine gewichtige Bedeutung: Daran, dass es dem Zionismus, der heute schon mehr als hundert, und dem Staat Israel, der schon mehr als fünfzig Jahre alt wurde, gelungen ist, die Juden in aller Welt aus einer Ansammlung mittelalterlicher Körperschaften, ethnischer Gruppierungen und unterschiedlich gefärbter Konfessionsverbände beinahe zu einem modernen Volk zu bündeln, ist nicht zu zweifeln.

Theodor Herzl, 1860–1904

Drei Identitätsentwürfe

Derzeit lassen sich idealtypisch drei vorherrschende Identitätsentwürfe beschreiben. In welchem Ausmaß und in welchen Mischungsverhältnissen diese Selbstverständnisse heute unter den etwa 14 Millionen lebenden Juden verteilt sind, ist die Frage einer empirischen Soziologie des Judentums, die ich hier nicht vertiefe. Zu unterscheiden sind:

Liberal-konfessionelles Verständnis

1. ein liberal-konfessionelles Verständnis, wonach die Juden zwar so etwas wie eine eigene ethnische Identität haben, aber als Bürger der Staaten, in denen sie leben, eine die Erfahrungen der Moderne in sich aufnehmende, auf Bibel und Talmud beruhende ethisch-monotheistische Religion in unterschiedlichen orthodoxen, konservativen und liberalen Spielarten pflegen.

Ethnisch-religiöses Verständnis

2. ein ethnisch-religiöses Verständnis, gemäß dem die Juden als das von Gott zu seinem Dienst berufene Volk im Vertrauen auf seine Verheißung das ihnen zugesprochene Land Israel bewohnen und im Blick auf die katastrophale Geschichte des 20. Jahrhunderts in besonderer Weise darum bemüht sind, Gottes Weisungen zu folgen; weswegen dieser Staat im wesentlichen auf der Tora beruhen soll.

Ethnisch-laizistisches Verständnis

3. ein ethnisch-laizistisches Verständnis, wonach die Juden durch die Geschichte des 20. Jahrhunderts – und vor allem wegen der als »Shoah« bezeichneten, industriellen Massenvernichtung der europäischen Juden – willentlich oder unwillentlich zu einem Volk zusammengeschweißt wurden, das sein geographisches und absehbar auch sein demographisches Zentrum in einem mehr oder minder laizistischen Staat Israel besitzen wird.

Die genannten idealtypischen Entwürfe jüdischen Lebens finden in Israel, den Vereinigten Staaten, in Europa, Lateinamerika und anderswo unterschiedliche Deutungen. Vor allem der zweite Entwurf, der ethnisch-religiöse, zwingt jüdischen Gemeinschaften außerhalb des Staates Israel und der Westbank eine erneute Selbstverständnisdebatte auf, deren Probleme sich an dem historisch inzwischen überholten Identitätsentwurf Franz Rosenzweigs besonders deutlich zeigen lassen.

Rosenzweig war 1921 der Überzeugung, dass die Juden, die – anders als alle anderen Völker – weder über ein Land noch über eine gemeinsame Alltagssprache noch über die Fähigkeit zur Kriegsführung verfügen, all dies zwar in der Anfangszeit des Volkes einmal besessen, es aber spätestens mit der Zerstörung des Tempels in Jerusalem verloren hätten. Ohne Land, Sprache und Kriege lebte das Volk seither nur noch im geschlossenen Raum des liturgischen Jahres und gewann seine Fortexistenz in der Zeit einzig durch das »Seid fruchtbar und mehret euch«, also durch die – wie Rosenzweig es ausdrückte – Kraft des »Blutes«. Das Leben im liturgischen Jahr und in familialer Kontinuität bannt die Juden in einen Raum jenseits jeder nationalen Geschichte und auch jenseits der Weltgeschichte, die seiner Überzeugung nach durch das Christentum und seinen messianischen Missionsauftrag geprägt wurde.

Rücksturz in die Geschichte

Die Massenvernichtung hat das von Rosenzweig sogenannte »Ewige Volk« in seiner ganzen Endlichkeit sichtbar werden lassen, während die Gründung des Staates Israel mindestens einem Teil von ihm seine Geschichtlichkeit, seine gemeinsame Alltagssprache und die Fähigkeit zum Kriegführen zurückgegeben hat. Rosenzweig hätte sich zugleich dem Problem zu stellen, was es heißt, dass das Volk wieder im Besitz eines, seines Landes ist, und die Frage zu beantworten, was es für das »Ewige Volk« heißen kann, mit der Erfahrung, beinahe zur Gänze umgebracht worden zu sein, zu leben. Durch den über die Shoah und die Gründung des Staates Israel verursachten Rücksturz in die Geschichte ist das jüdische Volk aus seinem bisherigen Existenzmodus, dem Vertrauen auf die durch Zeugung und Glaube je und je wieder erschaffene Ewigkeit, in zwei andere Existenzmodi gefallen. Auch noch in der dritten Generation nach der Shoah leben Juden – oftmals individuell und kollektiv – im Schrecken, im Schock und in Trauer – sofern sie sich auf die Vergangenheit beziehen. Jüdische Existenz besteht heute in weiten Teilen der Welt in einem Selbstverständnis als eine noch vor kurzem in Teilen grausam vernichtete Ethnie, die heute in ununterbrochener Sorge um das Fortbestehen ihres staatlichen Zentrums lebt und dem alles andere unterordnet.

Postzionismus

Kulturell befindet sich das Judentum heute – nach der Erfüllung der zionistischen Idee in der Staatsgründung Israels – trotz dessen andauernder Gefährdung in einer Phase des »Postzionismus«. Postzionismus, das ist in Israel und in der Diaspora eine kulturelle Befindlichkeit, ein mehr oder minder offenes, mehr oder minder stolzes Bekenntnis zu kulturellen, nicht territorialen Wurzeln des Judentums, genauer: zu einer Sprache, der hebräischen Sprache, die sich über die Brüchigkeit politischer, ethnischer und nationaler Organisationsformen hinweg als wahre Heimat erweist – etwa dort, wo die israelische Autorin Zeruya Shalev in ihren ganz und gar unpolitischen Romanen an entscheidender Stelle, nämlich wo es um das Allerprivateste, die erotische Beziehung zwischen Mann und Frau geht, über Seiten die Bibel, die Psalmen zitiert oder sich ihrer Lektüren entsinnt und eine Erotik des Lesens zelebriert. Auch wenn die lange Zeit in Berlin forschende Historikerin Fania Oz-Salzberger über die wahre Herkunft der im Ausland lebenden Israelis spekuliert, wird deutlich, dass das Land und der Staat Israel sogar in den Augen ihrer jüdischen Bürger geistig an Bedeutung verlieren. Postzionismus, das heißt heute für die jüdische Bevölkerung Israels und damit in absehbarer Zeit auch der Diaspora eine sich in geistiger und damit auch in politischer Hinsicht allmählich vollziehende Abkehr von der Zentrierung auf das Land Israel als einem staatlich und ökonomisch nutzbaren Territorium.

Das Judentum äußert sich in einer mal eher ethnisch, mal eher konfessionell gebundenen Alltagsfrömmigkeit, die sich nach der Erfüllung des Zionismus in der israelischen Staatsgründung oftmals von Nation, Staat und Territorium abkehrt und sich wieder dem zuwendet, worum es jedenfalls dem rabbinischen Judentum immer ging: um eine Tora, eine Gott verdankte Weisung als Weg zum Leben: »ascher nata chajei olam betocejnu«, wie es in der Bracha nach dem Lesen des Toraschnitts heißt.

»Das Judentum ist eine Religion des Gesetzes«

Der falsche Gegensatz von Gesetz und Evangelium

Unterscheidung von Gesetz und Evangelium

Die Tora als Weg des Lebens – diesen Gedanken nicht verstanden zu haben stellt den Kern der meisten Vorurteile über das Judentum als Religion und Lebensform dar. Freilich: Die auf der Linie von Luther, Schleiermacher, Fichte und Hirsch verfolgte Zuspitzung des antijudaistischen Gegensatzes von Gesetz und Evangelium prägt auch heute noch die maßgebliche deutsche, protestantische Universitätstheologie, so etwa bei Eberhard Jüngel, der in seiner Schrift über das »Evangelium von der Rechtfertigung der Gottlosen« schreibt: »Im Unterschied zum Alten Testament und zu den vielen in gleicher Weise urteilenden nichtbiblischen Stimmen behauptet das Neue Testament nun aber, dass der Mensch dieser selbstverschuldeten Situation elementarer Ungerechtigkeit durch keine vom Gesetz geforderte Tat, ja durch nichts, was der Mensch zu tun vermag, entrinnen kann.«

Tora und Gesetz

Der zentrale Einwand gegen die von Autoren von Luther bis Jüngel immer wieder vorgebrachte Unterscheidung von »Gesetz und Evangelium« lautet, dass der in den paulinischen Schriften verwendete Begriff des »Gesetzes« grundsätzlich gar nicht Gottes Weisung vom Sinai meinte, sondern den »Nomos« politischer Herrschaft, wie er im Hellenismus, im Rechtsdenken des Imperium Romanum und auch im Bewusstsein der Aramäisch und Griechisch sprechenden Juden der Provinz Judäa und des ganzen Mittelmeerraums geläufig war. Paulus, aus dessen Briefen die antijudaistische Entgegensetzung von »Gesetz« und »Evangelium« abgeleitet wurde, setzte sich demnach in seinen sogenannten gesetzeskritischen Passagen überhaupt nicht mit der Tora, sondern mit dem Geist der »Nomoi« Platons auseinander, die zeitgemäß als die politischen Satzungen der herrschenden sadduzäischen Tempelaristokratie und ihrer weltlichen, römischen Schutzmächte galten.

Paulus und die Nomoi Platons

Dazu muss keineswegs unterstellt werden, dass Paulus Platon gekannt hat, es genügt der Hinweis, dass es schon im hellenistischen Judentum, zur Zeit der Makkabäer sogenannte »jüdische Eiferer gegen das Gesetz« gegeben und eine Transformation des Judentums durch seine Hellenisierung stattgefunden hat, die auch einen Teil der Aramäisch sprechenden Juden der römischen Provinz Judäa ergriffen hat. So haben heidnische Autoren für die Tora, die mosaischen Gebote, stets den Plural »Nomoi« aber nie »Nomos«, verwendet. Daher: Wenn sich die These einer wesentlichen Bedeutungsverschiebung von der hebräischen »Tora« (Weisung) zum griechischen »Nomos« (Gesetz) zutrifft, hätten dann antijudaistische Autoren mit der Behauptung recht, dass es bei der Entgegensetzung von »Gesetz« und »Evangelium« tatsächlich um eine revolutionäre Umdeutung des alttestamentlichen Glaubens ging, beginnend bei Paulus, entfaltet und fortgeführt von dem nordafrikanischen Kirchenvater Augustinus, vollendet von Martin Luther? Zu fragen ist jedoch umgekehrt: Haben diese Autoren das Judentum so wahrgenommen, wie es sich selbst verstanden hat oder diente es ihnen als bewusst dunkel gehaltener Kontrast zum eigenen, christlichen Bekenntnis?

Werkgerechtigkeit und Gnade

Die Bezeichnung des Judentums als »Gesetzesreligion« zieht in aller Regel zwei weitere Behauptungen nach sich: Das Judentum fröne einer äußerlichen Werkgerechtigkeit und es habe Gottes Gnade nicht erkannt. Belegt wird diese Überzeugung seit Paulus mit der sogenannten »Rechtfertigungslehre«, die postuliert, dass alle Menschen seit Adam an einer »Ursünde« teilhaben und unter keinen Umständen in der Lage sind, dieser Sünden aus eigener Kraft ledig zu werden. Demgegenüber beglaubigt das rabbinische Judentum durchaus auch, dass die meisten Menschen meist sündigen, ist aber gleichermaßen davon überzeugt, dass die im Grundsatz sittlich freien Menschen durch Buße und Umkehr dazu in der Lage sind, in Zukunft ein minder sündiges Leben zu führen.

Während der christliche Glaube an die »Rechtfertigung der Sünder« die Befreiung von der Sünde einzig und allein an Gottes Gnade, erwiesen durch Jesu Kreuzestod, bindet, kennt das Judentum den »Jom Kippur« – den Versöhnungstag, das höchste jüdische Fest. Bei diesem durch radikales, etwa 26-stündiges Fasten gekennzeichneten Bußtag geht es um zweierlei

Jom Kippur, der Versöhnungstag: Höhepunkt der zehntägigen Bußzeit, die an Neujahr beginnt

Versöhnung: um die Versöhnung mit Gott und – wichtiger noch – um die Versöhnung mit jenen Mitmenschen, an denen man sich versündigt hat. Die rabbinische Tradition lässt keinen Zweifel daran, dass nach Gottes Wille die Versöhnung mit den gekränkten und verletzten Mitmenschen Vorrang vor der Versöhnung mit ihm hat. Man mag vor Gott die Sünden bekennen, die man vor ihm getan hat, und um Entsühnung beten. Nach jüdischem Glauben springt Gott indes nicht für eine unterlassene Versöhnung mit den Mitmenschen ein. Ohne die anderen um Verzeihung gebeten zu haben, wird auch Gott keine Gnade walten lassen. Aus dieser Erfahrung heraus konnte der zeitgenössische jüdische Religionsphilosoph Emmanuel Levinas sagen, dass das Judentum eine »Religion für Erwachsene« ist.

»Religion für Erwachsene«

Im Schlussgebet des Jom Kippur, dem Neilagebet kurz vor Ende des Fastens, heißt es u. a.: »Es verlasse der Frevler seinen Weg, der Mann der Sünde seine Gedanken, und kehre zum Ewigen zurück, dass er sich seiner erbarme, und zu unserem Gott, denn er ist reich an Verzeihung. Und du, Gott des Erbarmens, Gnädiger, Erbarmungsvoller, Langmütiger, der du reich an Gnade, der Wohltaten mehrst, die Rückkehr der Frevler wünschst und ihren Tod nicht willst, so heißt es: Sag ihnen, so wahr ich lebe, spricht der Ewige, Gott, ich habe nicht Wohlgefallen am Tod des Bösewichts, sondern daran, dass der Bösewicht zurückkehre von seinem Weg und lebe ...«

»Das Judentum ist die Mutter des Christentums«

Wie Judentum und Christentum auseinandergingen

Das Andere des Christentums

Das Judentum war und ist – jedenfalls im Abendland – das Andere des Christentums. Das war christlichen Theologen und Predigern von allem Anfang an bewusst. Im 13. Jahrhundert stellte etwa die päpstliche Bulle »Sicut Judaeis« fest: »Wenn auch der Unglaube der Juden in vielfacher Hinsicht zu verwerfen ist, so sollen sie, weil durch sie unser Glaube wahrhaft bewiesen wird, von den Gläubigen nicht schwer bedrückt werden ...«

Die »ältere Schwester des Christentums«?

Wie sahen diese Beziehungen aus? Lange Jahre war die Rede davon, dass das Judentum die Mutter-, das Christentum die Tochterreligion sei. Papst Johannes Paul II. und sein Nachfolger, Benedikt XVI., haben eine andere Formel gefunden: Das Judentum sei die ältere Schwester des Christentums, wobei sich die Frage stellt, welcher Glaube dann beider Mutter gewesen ist. Auf jeden Fall scheint das Judentum die ältere Religion zu sein – was neuerdings von meist jüngeren jüdischen Gelehrten bestritten wird: In deren Augen ist das Judentum, wie wir es heute kennen und wie es weltweit von der Ultraorthodoxie bis zum Reformjudentum in unterschiedlichen liturgischen Varianten praktiziert wird, sogar jünger als das Christentum.

Trennlinien Christentum – Judentum

Dies zu beantworten ist zunächst Aufgabe der Religionsgeschichte, die zu klären hat, wann spätestens sich »Judentum« und »Christentum« definitiv und eindeutig als eigene, selbständige, von der anderen ganz und gar unterschiedene Religionen verstanden haben. Dabei genügt es nicht, sich auf die neutestamentlichen Schriften zu beziehen, da sich in diesen zwar immer wieder Bekenntnisse zum »Christus Jesus« finden, aber an keiner einzigen Stelle der Begriff »Christen«. Auch der in den paulinischen Briefen verwendete Begriff »Ekklesia« – er wird allgemein mit »Kirche« übersetzt – reicht nicht zu, um denjenigen, die sich dort versammelten – Juden und Nichtjuden –, das Selbstbewusstsein einer eigenen, christlichen Religion zuzusprechen. Es handelte sich doch durchweg um Gemeinden von Juden, die an Jesus als Messias glaubten und bereit waren, auch Nichtjuden als mehr oder minder vollgültige Mitglieder aufzunehmen. Diese Aufnahmepraxis sprengte für die Menschen des 1. und 2. Jahrhunderts die ohnehin diffusen Grenzen dessen, was damals unter »Judentum« verstanden wurde, keineswegs.

»Birqat ha Minim«: der Ketzersegen

Tatsächlich kann man sich die Geburtsgeschichte von Judentum und Christentum nicht komplex genug vorstellen. Das zeigt sich unter anderem an der Entstehungsgeschichte des zentralen jüdischen Gebets, des Achtzehnbittengebets. Im babylonischen Talmud – er wurde Ende des 4. Jahrhunderts abgeschlossen – wird im Traktat »Berakhot« (Segnungen) die Frage erörtert, warum das

Die Amidah, das Achtzehnbittengebet, ist ein Hauptgebet im jüdischen Gottesdienst mit ursprünglich 18 Lobpreisungen.

»Achtzehnbittengebet«, das sich gemäß rabbinischer Überlieferung auf die 18 Gottesnamen bezieht, tatsächlich aber 19 Bitten enthält, um jene Bitte erweitert wurde, die später als »Birqat ha Minim«, als »Ketzersegen«, bezeichnet wurde. Dieser »Ketzersegen«, bei dem bis heute nicht restlos geklärt ist, ob es sich bei den dort erwähnten »Sorten« (von Menschen), den »Minim«, um Jesusanhänger, Gnostiker oder andere handelt, lautet in der bis heute überlieferten Fassung so: »Den Verleumdern sei keine Hoffnung, und alle Ruchlosen mögen im Augenblick untergehen, alle mögen sie rasch ausgerottet werden, und die Trotzigen schnell entwurzle, zerschmettre, wirf nieder und demütige sie schnell in unseren Tagen. Gelobt seist du Ewiger, der du die Feinde zerbrichst und die Trotzigen demütigst.«.

Wer hat diese Brakha (Segnung) wann verfasst? Und wer galt gemäß welchem Kriterium als »abtrünnig« – und wovon? Wer waren die »Nozrim« (die Nazarener) und wer die »Minim«? Handelte es sich um Angehörige derselben Gruppen oder ging es um zwei verschiedene Gruppen? Und wenn ja, worin unterschieden sie sich?

Die Sekte der Minäer

Der Kirchenvater Hieronymus wusste noch im 5. Jahrhundert, dass es eine jüdische Sekte gab, die »Minim« oder auch »Nazarener« genannt wurden. Die talmudischen Schriften geben auf diese Fragen außerordentlich verwirrende Antworten, z. B. in Form dieser Erzählung: »Die Rabbanan lehrten: Simon der Flachsmann ordnete vor R. Gamaliel in Javneh die 18 Segenssprüche in ihrer Reihenfolge. Da sprach Rabban Gamaliel zu den Weisen: Gibt es jemanden, der einen Segensspruch gegen die Minäer abzufassen weiß? Hierauf stand Semuel der Kleine auf und fasste ihn ab. Im folgenden Jahre vergaß er ihn und dachte zwei, drei Stunden über ihn nach, man hieß ihn aber nicht abtreten (d. h. nicht den Platz des Vorbeters einnehmen, M. B.) – wieso hieß man ihn nicht abtreten? R. Jehuda sagte im Namen Rabhs, dass, wenn er bei einem aller anderen Segenssprüche sich geirrt hat, man ihn nicht wiederholen lasse, wenn aber beim Minäersegen, man ihn wiederholen lasse, weil wir befürchten, er sei Minäer. – Anders war es je bei Semuel dem Kleinen, denn er hat ihn ja selbst abgefasst. – Man sollte ja befürchten, er sei übergetreten.« Nach einigen weiteren moralischen Erörterungen fährt der Abschnitt mit einer philosophischen Weisheit fort: »Traue dir selbst nicht bis zu deinem Sterbetag, denn Johanan der Hohepriester war 80 Jahre Hohepriester und doch wurde er Sadduzäer.«

Historische Einordnung

Moralphilosophisch geht es um die Frage, ob Menschen, die einmal gerecht waren, zu Frevlern werden oder ob frühere Frevler später einmal gerecht werden können. Die Geschichte von Simon dem Flachsmann gibt jedoch mehrere Rätsel auf: Sofern die historische Zuordnung zutrifft, spielt sie während der Regierungszeit des von den Römern bestätigten Patriarchen Gamaliel II., der zwischen den Jahren 80 und 115 wirkte, sein Amt also zur

Regierungszeit des Kaisers Domitian antrat und noch zu Zeiten Kaiser Trajans starb, lange vor dem Bar Kochba-Aufstand. Von dem erwähnten Semuel dem Kleinen wissen wir, dass er vor Gamaliel II. starb und prophezeite, dass »Shimon und Ishmael durch das Schwert« sterben würden. Der Aufstand, vor dem Semuel warnen wollte, wurde später als der »Quietuskrieg« bezeichnet, ein von Trajan niedergeschlagener Aufstand von zelotisch gesinnten Juden rings ums Mittelmeer. Nach diesem Aufstand war das alte und traditionsreiche, meist hellenistische ägyptische Judentum ebenso vernichtet wie das Judentum Nordafrikas, beides Landstriche, die in besonderer Weise Orte der jüdischen Mission waren und nach dem Aufstand zu Kerngebieten des sich ausbreitenden Christentums wurden.

Als Zeloten (griech. »Eiferer«) werden die Widerstandskämpfer gegen die Römer seit Beginn des 1. Jahrhunderts bezeichnet.

Doch noch einmal zurück zur Erzählung: Ein Gelehrter, genannt Semuel der Kleine, meldet sich spontan auf des Patriarchen Gamaliels Aufforderung, einen Fluch gegen die Abtrünnigen für das alltägliche Gebet zu verfassen, und erweist sich knapp ein Jahr später als unfähig, den von ihm selbst verfassten Spruch als Vorbeter laut zu wiederholen. Ein Minjan, eine aus zehn Männern bestehende Gebetsgemeinschaft, steht in der Synagoge, das Achtzehnbittengebet wird still gebetet und dann vom Vorbeter laut wiederholt. An der Stelle, an der der Ketzerspruch vom Vorbeter zu wiederholen wäre, setzt die Wiederholung aus und der Vorbeter versucht über zwei bis drei Stunden, sich an den Text des von ihm selbst verfassten Gebets zu erinnern – erfolglos! Die Angelegenheit war deshalb so heikel, weil Vergesslichkeit bei anderen Versen des Achtzehnbittengebets durchaus mit Nachsicht gehandhabt wurde, während die laute Wiederholung des Ketzersegens ein offensichtlich gewolltes Mittel der sozialen Kontrolle war.

Judentum zu Beginn des 2. Jahrhunderts

Wie stellte sich die Lage des Judentums in der inzwischen von »Judäa« auf »Palästina« umbenannten römischen Provinz zu Beginn des 2. Jahrhunderts dar? Man ist derzeit nicht in der Lage, eine genaue demographische Schätzung vorzunehmen, es scheint jedoch, als ob damals vor allem in Galiläa – weniger in und um Jerusalem – etwa 700000 Juden lebten. Wie viele unter ihnen welcher Variante des Glaubens anhingen, ist nicht bekannt. Historisch sind neben den rabbinischen Juden vier jüdisch-christliche Gruppen bekannt: zwei von sogenannten Ebioniten, von Judenchristen, die eben schon genannten Nazarener und einige gnostische Synkretisten. So informieren uns die Kirchenväter darüber, dass alle Oberhäupter, die Bischöfe der Jerusalemer Gemeinde in der Nachfolge des Jakobus und in der Zeit zwischen der Zerstörung des Tempels und dem Bar-Kochba-Aufstand, beschnittene Juden waren. Sogenannte »Judenchristen« wurden in der antiken Literatur als »Ebioniten« bezeichnet.

Ebioniten

Eine Gruppe von Ebioniten glaubte an Jesus als den Messias, sprach Aramäisch, lehnte Paulus und seine Briefe ab und bestritt die Göttlichkeit Jesu. Eine zweite Gruppe von Ebioniten war im

Unterschied zur ersten Gruppe bereit, sich auch mit nichtjüdischen Jesusanhängern zusammenzutun, die Göttlichkeit Jesu anzuerkennnen und – über den Schabbat hinaus – auch noch den Sonntag als den Tag der Auferweckung zu feiern.

Nazarener

Von der dritten Gruppe, den Nazarenern, wird mitgeteilt, dass sie an Jesus als Gottes Sohn, die Jungfrauengeburt und den Heiligen Geist glaubten. Die aus dieser Überlieferung bekannten »Gnostiker« schließlich befolgten die Tora, glaubten an Jesus als Propheten und Messias, in dem sie aber die Wiedergeburt jener Kraft sahen, die sich bereits in Adam verkörpert hatte. Zudem lehnten sie einige Teile der Bibel ab.

Gnostiker

Die Bücher der Minäer

Der Widerstand jener rabbinischen Weisen, die der Überlieferung gemäß nach der Zerstörung des Tempels im kleinen Ort Javneh das rabbinische Judentum begründeten, richtete sich schon früh gegen die Bücher der Minim – ob darunter frühe »Evangelien« zu verstehen sind? Eine Erörterung im talmudischen Traktat »Shabbat« setzt sich mit der Frage auseinander, ob man die unbeschriebenen Ränder von Torarollen aus einer Feuersbrunst retten dürfte, was bald die Frage nach den Büchern der Minäer, die ja auch Passagen der Tora enthielten, aufwarf. Die Antwort war eindeutig: Minäerbücher dürfen nicht aus dem Feuer gerettet werden, gleichen sie doch in ihrer Heiligkeit lediglich den unbeschriebenen Rändern von Torarollen.

Hebräische Evangelien

Der kulturhistorisch bedeutsame Befund dieser Texte besteht in dem Rückschluss, dass es offenbar auf Hebräisch geschriebene Evangelien gegeben hat.

»Die Ränder und die Minäerbücher darf man aus einer Feuersbrunst nicht retten. R. Jose sagte: Am Wochentage schneide man die darin enthaltenen Gottesnamen aus und verstecke sie, und das Übrige verbrenne man. R. Tryphon sagte: Ich will meiner Kinder beraubt sein, wenn ich sie nicht, samt den darin enthaltenen Gottesnamen verbrennen würde.«
Traktat »Shabbat«

Rabbi Eliezer und die Ketzerei

Auf jeden Fall schien die aus rabbinischer Sicht »Minut« genannte Ketzerei weit zu reichen. So weit, dass sogar der berühmte Rabbi Eliezer ihrer verdächtigt wurde. Rabbi Eliezer, er lebte um das Jahr 50 bis 115, war ein rabbinischer Weiser der ersten Generation nach der Zerstörung Jerusalems. Er studierte als Sohn reicher Eltern bei Jochanan ben Sakkai in Jerusalem, dem er während der römischen Belagerung Jerusalems bei der Flucht aus der Stadt behilflich war. Als Mitglied des großen Gerichtshofs in Javneh reiste er u. a. nach Rom und wurde durch seine Heirat mit der Schwester Gamaliels, Imma Shalom, Mitglied des Patriarchenhauses. Als konservativer Ausleger von Tora und Mischna war er gegenüber dem Aufstellen neuer Weisungen skeptisch und – moralphilosophisch – ein Autor, der die Menschen nach ihren tatsächlichen Handlungen, nicht aber nach Absicht und Gesinnung beurteilte. Während des Aufstandes gegen die Römer stand Eliezer den Zeloten nahe und trat für das Tragen von Waffen am Shabbat ein.

Eliezer und ein Nazarener

Allerdings wird dieses Bild eines zelotischen, nationaljüdischen, konservativen Gelehrten durch eine eigentümliche talmudische Erzählung verwirrt: »Als Rabbi Eliezer wegen Häresie inhaftiert wurde, führte man ihn aufs Schafott, um ihn abzuurteilen. Da sprach der Hegemon zu ihm: Wie kann ein Greis wie du sich mit solch nichtigen Dingen befassen? Der erwiderte ihm: Der Richter hat recht! Der Hegemon glaubte, dass er damit ihn meine, während er aber seinen Vater im Himmel meinte. Hierauf sprach er: Da du mir recht gegeben hast, sollst du bei der Göttin der Gerechtigkeit frei sein. Als er nach Hause kam, traten seine Schüler zu ihm ein, um ihn zu trösten, er aber nahm keinen Trost an. Da sprach R. Akiba zu ihm: Meister, willst du mir erlauben, dir etwas von dem zu sagen, was du mich gelehrt hast? Dieser erwiderte: Sprich. Da sprach er zu ihm: Meister, vielleicht hast du etwas Häretisches gehört, und es gefiel dir und bist deshalb inhaftiert worden? Dieser erwiderte: Akiba, du hast mich erinnert: Einst ging ich auf dem oberen Markt von Sepphoris und traf da einen von den Schülern Jesu des Nazareners, namens Jaqob aus Kephar Sekhanja und er sprach zu mir: Es heißt in eurer Tora: du sollst nicht Hurenlohn bringen, darf man dafür einen Abort für den Hohepriester errichten. Ich erwiderte nichts. Da sprach er zu mir: So lehrte mich Jesu der Nazarener: denn von Hurenlohn ist es zusammengebracht und zu Hurenlohn soll es wieder werden;

Mischna (Wiederholung, Lehre): mündliche Überlieferung, die auf Moses und die Propheten zurückgeführt wird; Sammlung jüdischer Gesetzeslehre aus dem 2. Jahrhundert, Grundlage des Talmud

von Unrat kam es und zu Unrat soll es wieder zurückkehren. Dies gefiel mir, und deswegen bin ich wegen Häresie inhaftiert worden. Ich übertrat das Schriftwort: Lass deinen Weg fern von ihr sein – das ist Häresie; und nahe dich nicht der Tür ihres Hauses, das ist die Obrigkeit.«

Sympathien mit den »Nozrim«

Nimmt man die Geschichte des Rabbi Eliezer zum Nennwert, so belegt sie wie auch die Geschichte von Semuel dem Geringen, dass noch zur Zeit Trajans sogar hochrangige Mitglieder der rabbinischen Akademie von Javneh mit Jesusanhängern zumindest sympathisierten. Die Geschichte um Rabbi Eliezer und andere, ähnlich gelagerte talmudische Erzählungen stammen nicht nur aus dem 1. oder 2., sondern setzten sich bis weit ins 3., wenn nicht gar 4. Jahrhundert fort. Nimmt man diese Anekdoten nicht naiv als historische Berichte, sondern als in Legenden verkleidete Argumente, so liegt der Schluss nahe, dass sich die normative Gestalt des rabbinischen Judentums auch im 3. Jahrhundert – zumindest was den Glauben an Jesus betraf – noch nicht endgültig geschlossen hatte. Das belegen auch Quellen, die tatsächlich dem 4. Jahrhundert entstammen. Glaubwürdig erscheint z. B. der Bericht, dass die Evangelien im Archiv des Patriarchen gelagert wurden, was umso erstaunlicher ist, als die Rabbiner der ersten Generation diese Schriften ja verbrennen lassen wollten. Identität bestimmt sich durch Abgrenzung: Eine klare und abschließende Festlegung des jüdischen liturgischen Jahres erfolgte erst im 4. Jahrhundert. Die Zeitspanne, die das rabbinische Judentum be-

Identität durch Abgrenzung

nötigte, um sich vollständig von allen Jesusanhängern und von der Auseinandersetzung mit den Evangelien zu trennen, erstreckt sich vom Beginn des 2. bis zur Mitte des 4. Jahrhunderts.

Matrilinearität

Wann aber wurde abschließend festgelegt, dass – jenseits der stets möglichen Konversion – als Jude oder Jüdin nur zu gelten hatte, wer von einer jüdischen Mutter geboren wurde? Das noch heute gültige Matrilinearitätsprinzip wurde nicht der Tora, sondern dem römischen Recht entnommen. Die heutige Gestalt des Judentums mitsamt seinen Konversionsprinzipien, dem Matrilinearitätsprinzip, dem allgemeinen Verbot der »Mischehe« sowie der Verknüpfung von Glaube, Ethnizität und Nationalität entstand frühestens mit der Mischna, jenem nach rabbinischer Überzeugung Moses von Gott am Sinai offenbarten Teil der Weisung, deren Schlussredaktion von Rabbi Juda, der von 175 bis 217 lebte und wie hunderte seiner Schüler ein vorzüglicher Kenner der griechischen Kultur war, vorgenommen wurde.

Judentum – die Religion des Alten Testaments?

Das Judentum jedoch, wie wir es heute in seinen unterschiedlichen Denominationen von ultraorthodox bis zu liberal kennen, erweist sich in all seinen Schattierungen als Abkömmling dieser, zur Zeit der römischen Soldatenkaiser wirkenden, rabbinischen Autoritäten, die ihre Sicht – soweit ihnen das möglich war – durch Missionare und Bevollmächtigte, kalendarische Normierung, Steuererhebung, Heiratsregeln und Konversionsregeln festlegten. Das heutige Judentum ist also nicht die Religion der historisch nicht belegten Patriarchen

Abraham, Isaak und Jaakob oder der historisch besser belegten Könige Israels und Judas.

Das Judentum – und darauf kommt es hier an – ist demnach auch nicht die Religion des Alten Testaments, das es sich schließlich mit den heute noch existierenden Samaritanern, Falaschen und Karäern sowie fast allen christlichen Konfessionen teilt. Es ist in seiner heutigen Gestalt auch nicht jene – historisch sehr viel besser belegte – Religion, die Esra und Nehemia mit Tora und Tempelkult im 5. Jahrhundert in Jerusalem unter dem Schutz des Perserreiches gründeten, also jene Religion, aus der um die Zeit des Kaisers Augustus die Denominationen von Sadduzäern, Pharisäern, Essenern, Zeloten, Jesusanhängern, Gnostikern und ägyptisch-griechisch geprägten Gruppen wie den Therapeuten hervorgingen.

Eine junge Religion

Das Judentum in seiner heutigen Form ist eine vergleichsweise junge Religion, die ihre definitive Gestalt frühestens im 3. Jahrhundert in Abgrenzung und gegen verschiedene Gruppen von Jesusanhängern und Gnostikern, in Auseinandersetzung und Übereinstimmung mit dem römischen Imperium und nicht zuletzt unter dem Einfluss der griechischen Philosophie gewonnen hat; ein in die Sprache des biblischen Glaubens gekleidetes System von ethnisch gebundenen Lebensregeln, das sich in seinem menschheitlichen Universalismus von der stoischen Philosophie kaum unterscheidet, aber aufgrund bitterer historischer Erfahrungen einem politischen Quietismus anhängt und gleichwohl – anders als das Christentum nach Augustinus –

nicht bereit war, die moralische Verantwortlichkeit des einzelnen Menschen preiszugeben.

Dieser zentrale moraltheologische Unterschied wird von einem unterschiedlichen, »rein monotheistischen« bzw. trinitarischen Gottesverständnis begleitet sowie von dem grundlegenden Unterschied, dass der christliche Glaube seinen universalen Anspruch in Gestalt einer universalen Kirche verwirklichen will, während das Judentum, dessen Glaube ebenfalls einen universalen Anspruch hat, dessen Verwirklichung unterschiedlichen partikularen Gemeinschaften überlässt. Das Volk Israel ist jedenfalls nach jüdischem Glauben in und durch seine Besonderheit für Gottes Weisung berufen. Eine Überzeugung, die historisch – im Lauf der Säkularisierung – dazu geführt hat, dass das Judentum eben auch als ein Volk, als eine ethnische Gruppierung verstanden werden kann, deren Mitgliedschaft nicht an das Bekenntnis religiösen Glaubens bedarf.

Während jedoch z. B. der Vatikan nichts anderes ist, als die staatsförmige, völkerrechtlich juristische Person des katholischen Glaubens, ist der jüdische Staat Israel weniger Ausdruck eines religiösen Glaubens denn eines historisch-politischen Projekts. So erscheint das Judentum heute als eine überbestimmte, in sich zum Teil widersprüchliche Einheit von Religion, Volk, Kultur und auch Staatlichkeit – eine historische, soziale und kulturelle Größe, die es gleichermaßen von allen anderen Religionen wie auch von allen anderen Kulturen und Ethnien unterscheidet.

Der Mensch und Gott

»Das Judentum ist eine Religion der Rache«

Der Glaube der Gerechtigkeit

Das Alte Testament hat keinen guten Ruf. Die alltagssprachliche Rede von »alttestamentarischer Rachsucht« ist sprichwörtlich geworden, und wer diesen Begriff hört, dem wird in aller Regel die biblische Devise »Auge um Auge, Zahn um Zahn« dazu einfallen. In dieser Assoziationskette kommen mehrere, abwertende Annahmen zusammen.

»Veraltetes Testament«

Zunächst wird der Begriff »Altes Testament« in aller Regel so gelesen, als sei darunter ein »veraltetes Testament« zu verstehen: eine Hinterlassenschaft, die durch eine weitere, das »Neue Testament«, überboten oder gar überflüssig gemacht worden sei. Während in der Antike bis weit in die frühe Neuzeit hinein das »Ältere« stets als das Bessere, das Wahrere galt, fand das sich seit der Renaissance ausprägende, moderne Selbst- und Weltbewusstsein seine Ehre darin, sich von der Überlieferung abzusprengen und auf eigenen Beinen, genauer gesagt: auf dem eigenen Kopf zu stehen. Es konnte dabei an eine ambivalente Einstellung der ersten Christen anknüpfen, die zwar nicht immer, aber meistens hellenisierte Juden waren; an eine Einstellung, die die neu entstehende Kirche aus Heiden und Juden als die einzig legitime Erbin des mit dem Untergang des Jerusalemer Tempels vernichteten priesterlichen Judentums, als die in eben dieser Kontinuität stehende Erneuerin dieser Tradition verstand.

Erben des priesterlichen Judentums

Verinnerlichung des Alten

Tatsächlich nahm die junge Kirche damit einen Teil alttestamentlicher, eschatologischer und apokalyptischer Geschichtsbilder auf, wie sie sich vor allem in den prophetischen Büchern, aber auch in den Büchern der Chronik finden. Auf Abfall und Verfall folgen Strafe, Tröstung, Wiederaufrichtung und Heimführung Israels. Schon die Propheten, vor allem Jesaja und Jeremija, kündeten in diesem Sinne von einem »neuen Bund« sowie von einem weiteren, innerlichen Bundeszeichen: der Beschneidung der Herzen, die die Beschneidung der Vorhaut überbieten sollte. In dieser Vorstellung verschmelzen die Gedanken religiöser Verinnerlichung und moralischen Fortschritts miteinander. Das Deutungsschema von Vergangenheit und Zukunft, von Alt und Neu, von Stagnation und Fortschritt wurde von der Kirche auf das Verhältnis von Judentum und Christentum angelegt.

Neuinterpretation und Reduktion

Dabei war zunächst noch strittig, ob das Alte Testament – wie das gnostische Gruppen und der ketzerische Theologe Marcion wollten – zur Gänze abgestoßen oder – wie es schließlich die Kirchenväter und die katholischen Konzilien wollten – beibehalten, aber uminterpretiert werden sollte. Das Beibehalten hatte in der entstehenden Kirche schließlich die besseren Gründe für sich, sind doch die Schriften des »Neuen Testaments« ohne den Hintergrund des »Alten« schlechthin unverständlich. Sofern man sich nur auf das »Neue« beschränken wollte, hätte man sämtliche Aussagen sowohl Jesu als auch des Apostels Paulus, die sich positiv auf die Tora beziehen, streichen und damit deren Botschaft zur Unkenntlichkeit verzerren müssen. Die Alte Kirche hat das Problem, das eigene Selbstverständnis als eines neuen geistlichen Korpus hier und die Bewahrung einer geheiligten Tradition dort in einem zu garantieren, dadurch gelöst, dass sie die Botschaft von dem aus dem Tode auferstandenen messianischen Sohn Gottes durch allegorische Interpretation in die Schriften des »Alten Testaments« zurückverlegt und somit die Einheit der Bibel bewahrt hat. Hieran wird eine weitere Blindheit der Rede von der »alttestamentarischen Rachsucht« deutlich: Die frühe Kirche reduzierte eine komplexe, über mehrere Jahrhunderte hinweg entstandene Sammlung verschiedenster theologischer Bücher auf den Sammelbegriff »Altes Testament«.

Die Frage, ob und wenn ja: welcher Grundgedanke diese über Jahrhunderte entstandene, vielstimmige Sammlung durchwaltet, war von jeher ein Problem alttestamentlicher Forschung und Exegese. Die neutestamentliche Forschung steht vor keinem anderen Problem. Ist der Grundgedanke des »Alten Testaments« die Rache? Ist der Gott, der in und durch die Schriften dieser vielfältigen Büchersammlung bezeugt wird, vor allem ein Gott der Rache und des wütenden Ressentiments?

»Alttestamentarische Rachsucht«

Schließlich zeichnet sich die Rede von der »alttestamentarischen« Rachsucht noch durch eine eigentümliche, verderbte Terminologie aus: »alttestamentarisch«. Warum heißt das so? Oder anders: Warum ist noch niemandem aufgefallen, dass in Bezug auf das Evangelium noch niemand den Begriff »neutestamentarisch« verwendet hat, etwa im Sinne des »neutestamentarischen« Liebesgebots? Das liegt vermutlich daran, dass die reduktionistische Ausdrucksweise von der »alttestamentarischen Rachsucht« die populär gewordene Frucht einer wissenschaftlich-historischen Erforschung der Schriften des Alten Testaments ist, einer Erforschung, die seit der Aufklärung im christlich dominierten Europa bei allem Bemühen um redliche historische Wahrheitssuche doch auch immer das Ziel hatte, ihren Gegenstand zu relativieren – und das heißt, in seiner normativen Bedeutung zu entkräften. Während also »-testamentlich« nichts anderes heißt als »auf ein Testament bezogen«, scheint »-testamentarisch« soviel zu besagen wie »durch wissenschaftliche Analyse bloßgelegt«. Zusammenfassend erweist sich die Rede von der »alttestamentarischen Rachsucht« als pseudowissenschaftliche Façon de parler, die eine unbegründet als veraltet bezeichnete Schriftensammlung durch Reduktion auf einen Grundgedanken entwerten will.

»Auge um Auge« – der Vorwurf der Rache

Der behauptete Grundgedanke aber ist die Rache. Betrachtet man die Bedeutung von »Auge um Auge, Zahn um Zahn« historisch, wird man sich in den frühen Hochkulturen der Bronzezeit wiederfinden, also im ersten Drittel des ersten Jahrtausends vor der christlichen Zeitrechnung. Die einschlägige Forschung meint, hinter dieser Aussage die erste Stufe eines Ausgleichsrechts entdecken zu können, das ein vorher existierendes, unverhältnismäßiges Recht der Blutrache abgelöst habe. Dieses Recht der Blutrache findet sich spurenweise im Buch Genesis, im Lied des Lamech. »Einen Mann«, so singt er dort, »erschlug ich für eine Wunde, einen Jüngling für meine Strieme. Wird Kain siebenmal gerächt, dann Lamech siebenundsiebzigmal« (Gen 4,23f.). Liest man diese Sätze als Ausdruck eines archaischen Rechtsverständnisses, so zeigt sich, dass es sogar im Rahmen eines Vergeltungsrechts – von dem auch das hierzulande und heute geltende Strafrecht bestimmt ist – noch unterschiedliche Stufen gibt. Im Lied des Lamech kommt ein Rechtsgefühl zu Wort, dem es weder um die Herstellung eines Ausgleichs zwischen Schädiger und Geschädigtem noch um die (Wieder-)Herstellung des sozialen Friedens geht, sondern das einzig und allein auf Wiederherstellung der Ehre durch Blutvergießen zielt, eine Rache, die schon allein das Wagnis eines Angriffs auf den Geschädigten als unerhörte Übertretung ahndet, unabhängig davon, ob und in welchem Ausmaß tatsächlich Schaden an Gütern, Leib oder Leben entstanden ist.

Lied des Lamech

Wiederherstellung der Ehre

Im Vergleich dazu erweist sich das berüchtigte und immer wieder mit dem Alten Testament im Ganzen assoziierte Talionsrecht mit seinem Prinzip »Auge um Auge, Zahn um Zahn« als ein Re-

Talionsrecht als Verbot des Übermaßes

gelsystem, das erstens nur den tatsächlich entstandenen leiblichen Schaden in Blick nimmt und zweitens – im Vergleich zu Lamechs Lied – ein striktes Übermaßverbot kennt. Mit diesem Übermaßverbot wird der Spirale endloser Blutrache ein Riegel vorgeschoben. In dem Augenblick, in dem der Schädiger den gleichen Schaden wie der Geschädigte erleidet, ist der Konflikt beendet und der Rechtsfrieden wiederhergestellt. Insofern stellt die Forderung »Auge um Auge« zunächst nichts anderes dar als das Prinzip eines erheblichen Rechtsfortschritts, ohne dass damit übrigens sämtliche Rechte und Rechtsprinzipien des Alten Testaments tatsächlich benannt wären.

Der Gott des Übermaßes

Dass die Reduktion der vielfältigen Rechtsprinzipien des Alten Testaments auf das zudem böswillig missverstandene »Auge um Auge, Zahn um Zahn« so wirkungsmächtig werden konnte, hat indes auch mit den mannigfachen und vielfältigen Gottesbildern des Alten Testaments zu tun, mit Bildern eines Gottes, der liebt, segnet und straft, und das oft genug im Übermaß und keineswegs immer nach Maßgabe des Talionsprinzips. Der Gott des Alten Testaments vergibt Segen und Zuneigung im Übermaß auch an jene, die das nicht unbedingt verdient haben, so wie Abraham Sarah und Isaak den Vorzug vor Hagar und Ismael gab, so wie Isaak sich damit abfand, dass Jakob dem Esau den Segen stahl. So sehr einerseits alle Menschen im Namen Abrahams gesegnet sind, so sehr trifft andererseits Jakob in Bet El der Segen Gottes unverdient. Und wie beim Segen, so bei der Strafe: Es war der Mensch

Abraham, der im Falle Sodom und Gomorrhas Gott davon überzeugen wollte, die beiden Städte, in denen Sünder lebten, nicht zur Gänze zu vernichten, und keine Unschuldigen zu bestrafen.

Der Gott der Gerechtigkeit

Maß und Übermaß, Ausgleich und Rache zehren alle von einem Kriterium, anhand dessen sich bemessen lässt, was jemandem an Gütern oder Übeln zukommt oder eben nicht. Gerechtigkeit ist grundsätzlich nichts anderes: ein anerkanntes Verteilungsprinzip für Güter und Übel, dem eine Bestimmung dessen, was jeweils Güter und Übel sind, vorausgehen muss. In diesem Sinne kann der Gott des Alten Testaments als Gott der Gerechtigkeit gelten, insofern seine bedeutendste Maßgabe ein Werk der Weisungen ist, die wir gemeinhin als die »Zehn Gebote« kennen. Diese Weisungen, Forderungen einer göttlichen Gerechtigkeit, treten im Unterschied zu den Zuweisungen des Segens, die als Aussagen, Zusprachen, als Indikative bekannt sind, in Form von Aufforderungen, von Imperativen auf. Der Gott des Alten Testaments äußert sich, wenn er sich an die Menschen wendet, in Form von Zusagen (Indikativen) und Weisungen (Imperativen). Das ist übrigens auch bei den »Zehn Geboten« so. Den Weissagungen geht eine Selbstoffenbarung Gottes voraus: »Ich bin der Herr, dein Gott« – und erst aus dieser indikativischen Aussage heraus folgern die Weisungen, die seither eine Art moralischen Minimalkanons der Menschheit markieren.

Es ist offensichtlich: Die Weisung zielt auf die Übertretung. Oder: Ohne die Übertretung wäre die Weisung sinnlos, die übertretene Weisung aber zieht – sei es im Sinne eines Tun-Ergehen-Zusammenhangs oder im Sinne einer bewusst geschickten Strafe – Übel und Leiden nach sich. Ist daraus der Schluss zu ziehen, dass jener Gott, der dem Volk Israel am Sinai die Tora gab, ein zwar gerechter, vor allem aber strafender und strenger Gott ist? Und wie hat die jüdische, die rabbinische Religion diesen die Tora stiftenden Gott verstanden? Als einen, der vor allem fordert, oder vor allem als einen, der gibt und vergibt? Als den Gott einer angsteinflößenden Gesetzesreligion?

»Das Judentum ist eine Religion der Angst«

Gottes Weisung genügen

Haredim – die Zitterer

Die Selbstbezeichnung jüdischer Ultraorthodoxer scheint das Vorurteil zu bestätigen: Um sich in ihrer Treue zur Weisung der Tora von anderen, lässlicheren Juden abzugrenzen, bezeichnen sie sich unter Bezug auf einige Passagen, zumal aus den prophetischen Büchern, mit dem hebräischen Ausdruck »Haredim« – auf Deutsch: die »Zitterer«. Der Prophet Hosea beschwört im dritten Kapitel seines Buches eine Zeit der Umkehr und Besinnung nach einer langen, für das Volk Israel schweren, königslosen Zeit: »Danach werden die Kinder Israels sich bekehren (›jaschwu‹) und YHVH, ihren Gott, und David ihren König suchen und sich ängstend (›u pachdu‹ an YHVH und seine Güte sich wenden am Ende der Tage« (Hos 3,5). In Psalm 48,7 heißt es über gottlose Könige Israels und ihre Anhängerschaft: »Und Zittern (›Readah‹) erfasste sie …«

Fascinosum et Tremendum

Dass die Beziehung der Menschen überhaupt, zumal der Kinder Israel, zu Gott immer wieder von einer schreckhaft erfahrenen Konfrontation geprägt ist, kann keinem Zweifel unterliegen. Mit gutem Grund hat die Religionswissenschaft der Jahrhundertwende – etwa bei Rudolf Otto – von der Erfahrung des Religiösen als der Erfahrung des »Fascinosum et Tremendum«, des »Anziehenden und erzittern Lassenden« gesprochen. Wie auch anders sollte die Erfahrung eines ebenso rettenden wie strafenden, eines ebenso befreienden wie weisenden, eines ebenso gegenwärtigen wie doch gestaltlosen Gottes gefasst werden, wenn nicht im Wechselspiel der stärksten Gefühle, die Menschen ergreifen können, nämlich Angst und Freude.

»Abba« oder die Verdrängung der Gottesfurcht

Das jedem Menschen angeborene Schwanken angesichts der Präsenz Gottes wurde von Carl Gustav Jung, dem abtrünnigen Schüler Sigmund Freuds, in seiner 1952 verfassten Schrift »Antwort an Hiob« tiefenpsychologisch und pathologisch gedeutet. »Die Menschheit«, so Jung, »wird keineswegs von ihren Sünden befreit, auch wenn man noch so regelrecht getauft und somit abgewaschen ist, sondern von der Furcht vor den Folgen der Sünde, nämlich dem Gotteszorn. Das Erlösungswerk«, so Jungs Schluss, »will also den Menschen von der Gottesfurcht erlösen, was gewiss dort möglich ist, wo der Glaube an den liebenden Vater, der seinen eingeborenen Sohn zur Rettung des Menschengeschlechts gesandt hat, den deutlich persistierenden Jahwe mit seinen Affekten verdrängt.« Diese Verdrängung der Gottesfurcht durch kindliches Vertrauen in Gott manifestiert sich angeblich in der besonderen Gottesbeziehung Jesu, der Gott als »Abba« bezeichnet habe. Das war auch vor Jahren die These von Franz Alt, der in seinem Buch »Jesus der erste neue Mann« schrieb: »Im Alten Testament steht Gott meist für den allmächtigen Patriarchen – Jesu ›Abba‹ ist der mütterlich liebende Vater. Der eine hat mit dem anderen nichts zu tun. Einen größeren Gegensatz gibt es religionsgeschichtlich nicht.«

Übersetzungsfehler

Inzwischen hat die Forschung zeigen können, dass diesem angeblich so unüberbrückbaren Gegensatz schlicht ein Übersetzungsfehler zugrunde liegt. Das Neue Testament zitiert an verschiedenen Stellen Jesus mit Worten seiner Muttersprache, die nicht etwa Hebräisch, sondern Aramäisch war. Auf Aramäisch heißt »Abba« indes einfach »Vater« – von einer anderen Gottesbeziehung Jesu als der seiner jüdischen Glaubensgenossen kann also keine Rede sein. Wenn aber das aramäische »Abba« einfach »Vater« und eben nicht »Väterchen« heißt, fällt der Gegensatz von Religion der Angst und Religion des Zutrauens wieder in jenes emotionale und begriffliche Spannungsfeld, das der Begriff »Vater« seit jeher hervorrief.

Antithetische Spannung

Die Lehre vom angeblichen Gegensatz zwischen dem liebenden, Zutrauen erweckenden Gott Jesu und dem Gott Abrahams hat noch andere, systematischere Ausdrucksformen gefunden: »Der Gott, dem Abraham begegnet«, so ein zu seiner Zeit als besonders intellektuell geltender Theologe, begrenzt und erprobt den ihm gegenüberstehenden menschlichen Willen als die unheimliche Heischemacht, mit der umzugehen den Menschen zerbricht. Der Vater Jesu Christi weckt und schafft den mit ihm eins werdenden menschlichen Willen als die Macht schöpferischer Liebe, deren Kommen dem Menschen Licht und Leben wird.« Der Autor kann daraus eine klare Schlussfolgerung ziehen: Die Erzählung von der Opferung Isaaks »ist für uns Dokument einer fremden Religion«, was jedoch das

Problem nicht mildern kann, dass gerade wegen der so engen historischen Verwandtschaft zwischen Judentum und Christentum zu einer Nähe führt, die »nicht schlichte Berührung, sondern furchtbare antithetische Spannung ist«.

Gesetz und Weisung im Alten Testament

Dass diese Aussagen von dem dem Nationalsozialismus nahestehenden völkischen Denker Emanuel Hirsch stammen, ändert an ihrer Bedeutung wenig, artikulieren sie doch in knappen Worten eine Tradition, die die protestantische Universitäts- und dann Populartheologie spätestens seit der Wende vom 18. zum 19. Jahrhundert prägte. Und es waren nicht nur protestantische Theologen, die dieses Zerrbild verbreiteten. Doch worum ging es bei dem, was noch Ende des 20. Jahrhunderts manch »fortschrittlicher« Theologe als Inbegriff der Angst verteufelte? Welchen Begriff von Gesetz und Weisung hatten und haben das Alte Testament, das rabbinische Judentum und jener Jude, auf den die Kritik der Tora als »Gesetz« letztlich zurückgeht, der Völkerapostel Paulus?

In diesem Fall finden sich die Grundbegriffe tatsächlich im Alten Testament: »Und dies Gebot, die Satzungen und die Vorschriften, die der Ewige euer Gott euch zu lehren geboten, zu tun in dem Lande, dahin ihr zieht, es einzunehmen«, heißt es im 5. Buch Mose, 6,1. Die hebräischen Begriffe, die hier für »Gebot«, »Satzungen« sowie »Vorschriften« verwendet werden, lauten »Mitzvot«, »Chukim« und »Mischpatim« und bezeichnen unterschiedliche Arten von Normen. Die im

2. Jahrhundert vor der Zeitrechung im hellenistischen Ägypten entstandene griechische Bibel, die Septuaginta, verwendet hierfür die Begriffe »entolai«, »dikaisosynata« und »krimata« – die Begriffe »Tora« bzw. »Nomos« werden hier, wo es um das »Gesetz« zu gehen scheint, gar nicht verwendet. In den fünf Büchern Mose taucht der Begriff »Tora« zum ersten Mal in Leviticus 6,7 (»die Weisung des Speiseopfers«) und – in der vollen Bedeutung des Begriffs – in Deuteronomium 4,44 (»die Lehre, die Mose vorgelegt den Kindern Israel«) auf. Hier übersetzt die Septuaginta nun tatsächlich beide Male »Nomos«. Die »Weisung«, um die es hier geht, ist gleichsam die Summe der Gebote, Satzungen und Vorschriften, die am Sinai offenbart wurden. Sie wurde für das rabbinische Judentum zentraler Bestandteil von Lebens- und Gebetspraxis.

Das »Schma Israel« und die Liebe zu Gott

Die alltägliche und festtägliche jüdische Liturgie, die Gebetsordnung des rabbinischen Judentums kennt zwei zentrale Gebete. Einerseits das »Schma Israel« (»Höre Israel«), ein direktes Zitat aus Deuteronomium 6,4–9, sowie das nur im Kreise von mindestens zehn Erwachsenen und im Stehen zu sagende Achtzehnbittengebet. Beide Gebete gehören zur synagogalen Liturgie – frühestens seit dem 3. Jahrhundert vor der christlichen Zeitrechnung, spätestens seit dem frühen 2. Jahrhundert christlicher Zeitrechnung.

Das »Schma Israel« beginnt: »Höre Israel, der Ewige, unser Gott, der Ewige ist einzig«, worauf ein so in der Bibel nicht fixierter Einschub folgt:

»Gelobt sei der Name der Herrlichkeit seines Reiches immer und ewig.« Dem folgt ein Katalog von Weisungen: »Du sollst den Ewigen, deinen Gott, lieben mit deinem ganzen Herzen und deiner ganzen Seele und deinem ganzen Vermögen. Es seien diese Worte, die ich dir heute befehle, in deinem Herzen. Schärfe sie deinen Kindern ein und sprich von ihnen, wenn du in deinem Hause sitzest und wenn du auf dem Weg gehst, wenn du dich niederlegst und wenn du aufstehst. Binde sie zum Zeichen auf deinen Arm, und sie seien zum Denkband auf deinem Haupte. Schreibe sie auf die Pfosten deines Hauses und deiner Tore.«

Zuerst wird die Gemeinde aufgefordert zu akzeptieren und zu verstehen, dass der Gott Israels ewig und einzig ist, eine Behauptung, die in einer polytheistischen Umwelt offenbar so wenig selbstverständlich war, dass sie immer wieder beglaubigt und weitergegeben werden musste. Einzigartigkeit und verbürgte Zuwendung (»unser Gott«) sind die Gründe für die folgende Aufforderung, Gott zu lieben, und zwar mit seiner ganzen Persönlichkeit, mit allen Worten, Gedanken und Taten. Anders als heute stand im alten Orient »Herz« nicht für Gefühl und Emotion, sondern für Persönlichkeit und Verstand, während »Nefesch« (Seele) und »Meod« (Verstand) soviel wie Lebenskraft und Klugheit bedeuten. Dass hier »Liebe«, »Gottesliebe« gewiesen wird, ist kein Paradox, weil es sich bei diesem Begriff von Liebe gerade nicht um ein romantisch aufflackerndes, letztlich nicht verfügbares

Gefühl handelt, sondern um die Haltung tätiger Liebe, einer Liebe, die sich im Befolgen der Weisung, der Tora erweist.

Das Verhältnis von Tun und Ergehen

Die synagogale Liturgie hat zwischen den Auf- und Anruf eine nicht in der Bibel stehende Preisung eingeschaltet: »Gelobt sei der Name der Herrlichkeit seines Reiches immer und ewig!« – Worte, die christlichen Lesern aus dem »Vaterunser« bekannt sein dürften, wo es heißt: »Denn Dein ist das Reich und die Herrlichkeit in Ewigkeit« Die Herrlichkeit aber ist hier nichts anderes als Ausdruck der Einzigartigkeit und der Zuwendung (»unser Gott«). Die folgenden Passagen des »Schma Israel« (Dtn 11,13) stellen das Verhältnis von Tun und Ergehen, von Weisung und Leben ins Zentrum.

»Und es sei, wenn ihr auf meine Weisungen hört, die ich euch heute weise, den Ewigen, euren Gott, zu lieben und ihm zu dienen mit eurem ganzen Herzen und eurer ganzen Seele. So werde ich den Regen eures Landes zu seiner Zeit geben, Frühregen und Spätregen, du wirst sein Getreide einsammeln und deinen Most und dein Öl. Ich werde Gras deinem Felde geben für dein Vieh, du wirst essen und satt werden. Hütet euch, dass euer Herz nicht verführt werde und ihr abweicht und fremden Göttern dient und euch vor ihnen bückt. Da würde der Zorn des Ewigen wider euch entbrennen, er würde den Himmel verschließen, dass kein Regen fällt und die Erde ihren Ertrag nicht gibt, und ihr würdet bald zugrunde gehen aus dem guten Lande, das der und die der Ewige euch gibt … Auf dass sich eure Tage vermehren und die Tage eurer Kinder auf dem Erdboden, den der Ewige euren Vätern zugeschworen, ihnen zu geben, wie die Tage des Himmels über der Erde.«

Wohlergehen durch Werkgerechtigkeit?

Die Weisung ermöglicht es, Gott zu lieben, während sich umgekehrt die Liebe zu Gott im Erfüllen seiner Weisungen erfüllt. Aber wird hier Wohlergehen nicht gleichsam im Tausch für Verehrung, für Unterwerfung angeboten – Inbegriff aller sogenannten »Werkgerechtigkeit«? Darum geht es jedoch nicht, sondern um das Problem des »Tun-Ergehen-Zusammenhangs«. Diese Gedankenfigur ist auch der Gegenwart durchaus vertraut: Sich vernünftig zu ernähren und maßvoll Sport zu treiben, das hat, wie allgemein bekannt, wohltätige Konsequenzen für das individuelle Wohlbefinden. Wer auf diese Zusammenhänge aufmerksam gemacht wird, ist noch lange nicht gezwungen, sich entsprechend zu verhalten. Der kausale Zusammenhang zwischen Lebensstil und Wohlbefinden ist einfach eine empirische Tatsache. In genau diesem Sinn macht das »Schma Israel« auf die lebensdienlichen, wohltätigen Folgen eines Lebens aufmerksam, das Gottes Weisungen entspricht.

Gewiss, das »Schma Israel« scheint eine Drohung zu enthalten: Wendet sich das Volk Israel anderen Göttern zu, wird Gott dem Volk zürnen – mit der Folge, dass seine Lebensgrundlage, der Ackerbau, verdorrt. Man muss aber auch die vermeintliche Drohung im Sinn eines vorausgesetzten

Tun-Ergehen-Zusammenhangs verstehen: Das Verdorren der ackerbaulichen Grundlage ist eine Folge des Abfalls von Gott. Rechtes Tun und gutes Leben scheinen hier noch zwanglos miteinander verbunden zu sein. Schon allein daher verbietet sich eine Deutung des »Schma Israel« im Sinne eines Modells von Belohnung und Bestrafung. Es geht darum, auf einige einfache Tatsachen des Lebens hingewiesen worden zu sein.

Achtzehnbittengebet

Das hat das rabbinische Judentum in seinem Hauptgebet, dem seit mehr als zweitausend Jahren bekannten Achtzehnbittengebet, bestätigt. Liturgisch ist dem Sagen des Gebets – ganz ähnlich wie beim »Schma Israel« – eine Einschaltung vorangestellt. Gemeinde und Vorbeter sagen vor der ersten Benediktion: »Herr, Du öffnest meine Lippen, dass mein Mund Deinen Ruhm verkünde.« Eine unscheinbare Einschaltung, die aber nicht mehr und nicht weniger besagt, als dass Gottesdienst alles andere als willkürliches, einseitiges menschliches Handeln ist, dass also die Fähigkeit zum Gottesdienst sich selbst noch der Gnade Gottes verdankt, der dem Mensch die Lippen zu seinem Ruhme öffnet. Das Gebet fährt fort: »Gesegnet Du Ewiger, unser Gott und Gott unserer Väter (und Mütter), Gott Abrahams (und Sarahs), Gott Isaaks (und Rebekkas), Gott Jakobs (Leas und Rachels), großer, starker und furchtbarer Gott, höchster Gott, der Du beglückende Wohltaten erweisest und Eigner des Alls bist, der Du der Frömmigkeit der Väter (und Mütter) gedenkst und einen Erlöser bringst ihren Kindeskindern um Deines Namens willen in Liebe.«

Der Gott der universalen Gnade

Das Achtzehnbittengebet beginnt mit einer Erinnerung an die Liebesgeschichte zwischen Gott und den Erzvätern und -müttern und segnet Gott als einen, der »beglückende Wohltaten« erweist, der alles weiß, der Frömmigkeit der Vorväter gedenkt und endlich – hier ist die Rede im Präsens und im Singular gehalten – einen Erlöser in Liebe bringt. Der Preisung Gottes als Schild und Retter Abrahams folgen zwei weitere Benediktionen Gottes – als jenes Allmächtigen, der die Toten belebt und stark im Helfen ist, eines Gottes, der hier keineswegs nur als Gott Abrahams, Isaaks und Jakobs, Sarahs, Rebekkas, Leas und Rachels gepriesen wird, sondern ebenso als Gott universaler Gnade und Barmherzigkeit: »Du ernährst die Lebenden mit Gnade, belebst die Toten in großem Erbarmen, stützest die Fallenden, heilst die Kranken, befreist die Gefesselten und hältst die Treue denen, die im Staube schlafen. Wer ist wie Du, Herr der Allmacht, und wer gleicht Dir, König, der Du tötest und belebst und Heil aufsprießen lässt.«

Die Rolle der Pharisäer

Es waren die Schriftgelehrten, die Pharisäer, welche die ihnen bekannten biblischen Schriften in diesem Sinne auslegten. Die Pharisäer, so stellt es einer der bekanntesten Judaisten, die sich mit der augusteischen Zeit befassen, Jakob Neusner, auf der Basis umfangreichen Quellenstudiums dar, lebten – anders als andere Gruppen und Sekten – direkt unter dem Volk, erhoben den Anspruch, dass ihre Tora direkt vom Sinai kam, und waren der Ansicht, »dass ihre Halacha diese ständige Beobachtung des Gotteswillens ermöglichte.

Man wusste dabei aber, dass Gott damit für mehr als für die leiblichen Bedürfnisse des Menschen sorgt, denn Hillel«, so Neusner, »wird ja das berühmte Wort zugeschrieben: ›Was dir verhasst ist, das tue deinem Nächsten nicht an. Alles andere ist Erklärung. Nun geh hin und lerne.‹« Der Hillel dem Älteren zugeschriebene Spruch ist im Babylonischen Talmud, Traktat »Shabbat« 31 a, zu finden und belegt, dass einseitige Typisierungen den Glauben der Pharisäer und Rabbinen gänzlich verfälschen und damit auch den Sinn der Weisung Gottes, wie er im Buch Deuteronomium zu lesen ist, antijudaistisch verzerren.

»Das Judentum ist eine Religion der Werkgerechtigkeit«

Die Tora als Weg zum Leben

Die paulinische Tradition

Die Ansicht, dass das Judentum (seiner Zeit) vor allem eine Gesetzesreligion sei, ist auf Paulus zurückzuführen. Ob und wie gut der Völkerapostel Paulus, vormals der hellenistische Jude Saul aus Tarsus, Hebräisch konnte, wissen wir nicht; dass er der griechischen Umgangssprache jener Zeit, der »koine«, mit großer Sprachgewalt mächtig war, ist gewiss. Ob und wieweit er die Septuaginta bzw. die griechische Popularphilosophie seiner Zeit kannte, können wir ebenfalls nur vermuten. Auf jeden Fall: Die Übersetzer der Septuaginta verstanden unter »Nomos« »Tora« und waren sich dabei eines Verständnisses von »Nomos« gewiss, das durch die von Platon und Aristoteles inspirierte griechische Popularphilosophie geprägt war: Für Platon und seine Nachfolger im Geiste werden »Gesetze«, menschliche

»Es ist für die Menschen unerlässlich, sich Gesetze zu geben und nach Gesetzen zu leben ... Der Grund hierfür ist der, dass keines Menschen Natur mit einer solchen Fähigkeit begabt ist, dass sie nicht nur erkennt, was den Menschen für ihre staatliche Gemeinschaft nützt, sondern auch, wenn sie es erkannt hat, die Kraft und den Willen aufbringt, das Beste zu verwirklichen.« (Platon, Nomoi, 875 b)

Satzungen, deshalb nötig, weil die menschliche Vernunft nur ein unvollkommenes Abbild der göttlichen ist.

Das »Gesetz des Fleisches«

Paulus erweist sich in Römer 7 als getreuer Schüler Platons und der Stoiker, wenn er schreibt, dass er das Gute, das er wolle, nicht tue, das Böse hingegen, das er nicht wolle, sehr wohl tue. Dass das so ist, schreibt er dem »Gesetz des Fleisches« zu. Die Religion, in die Saulus aus Tarsus hineingeboren wurde und der er bis zu einem Offenbarungserlebnis auch anhing, nämlich das Judentum, sieht das im Grundsatz anders als Platon. Daran lässt das Deuteronomium keinen Zweifel: »Denn dies Gebot, das ich dir heute gebiete, ist dir nicht verborgen und ist dir nicht fern ..., sondern sehr nahe ist dir die Sache, in deinem Munde und in deinem Herzen, es zu tun« (Dtn 30,11–14). Die hebräische Bibel verwendet hier ebenso wenig wie die Septuaginta den Begriff »Tora« oder »Nomos«, sondern »Mitzvot« oder »Entolai«.

Trennung von Leib und Seele

Daran zeigt sich, dass die Anthropologie, die Paulus in Römer 7 bemüht, nicht auf biblischen, sondern auf den Quellen der griechischen und der hellenistischen Popularphilosophie beruht. Die Religion des Paulus, die mit Jesu Leben und Lehre nicht das Mindeste zu tun hat, erweist sich als die Lösung eines Problems, das sich dem Apostel alleine aufgrund seines Verhaftetseins an das griechische Denken stellte. Indem Paulus sich nicht an der biblischen Lehre vom Menschen – die von einer leibseelischen Einheit des

Menschen ausgeht, der »Nefesch« – orientiert, sondern wiederum an der Philosophie, die Leib und Seele, »soma« und »psyche«, streng voneinander trennt, kann er jenen Weg, den nicht erst das pharisäische Judentum beschritten hat, nicht mehr mitgehen. Das Judentum der Zeit des zweiten Tempels bekennt, dass Gott die Menschen mit freiem Willen geschaffen hat und sie grundsätzlich zu Umkehr, Einsicht und Versöhnung fähig sind. Gipfelnd in der Liturgie des Versöhnungstages, des Jom Kippur, haben das sadduzäische, das pharisäische und schließlich das rabbinische Judentum daran festgehalten, dass Menschen einander um Vergebung bitten und auch einander vergeben, sie somit von ihren Sünden erlöst werden können, und dass Gott, so man ihn aufrichtig um Vergebung für jene Sünden bittet, die sich gegen ihn im Besonderen richten, vergibt.

Der zweite Tempel wurde ca. 537 v. d. Z. errichtet und 70 n. d. Z. durch Titus, den Sohn Kaiser Vespasians, zerstört.

So heißt es im Achtzehnbittengebet, das in seinen ältesten Schichten ungefähr so alt sein dürfte wie das Neue Testament: »Du begnadest den Menschen mit Erkenntnis und lehrst den Menschen Einsicht, begnade uns von Dir mit Erkenntnis, Einsicht und Verstand. Gelobt seist Du, Ewiger, der Du mit Erkenntnis begnadest … Verzeih uns, unser Vater, denn wir haben gesündigt, vergib uns, unser König, denn wir haben gefrevelt, denn Du vergibst und verzeihst. Gelobt seist Du Ewiger, der du gnädig immer wieder verzeihst.« Das Achtzehnbittengebet formuliert hier wohlweislich im Indikativ: Gott wird als jener gepriesen, der tatsächlich – und zwar immer wieder – verzeiht. Das Problem, dem sich Paulus aufgrund seiner dualistischen Anthropologie ausgesetzt sieht, ist hier schon im Ansatz gelöst: Indem Gott den Menschen Einsicht geschenkt hat, sind sie aus sich selbst heraus in der Lage, umzukehren. Eines Messias bedarf es dazu nicht.

Gottes Gesetz und das »Gesetz in meinen Gliedern«

Zu fragen ist aber, warum Paulus, der das Wirken Jesu nur vom Hörensagen kannte, nicht genügend Vertrauen in Gott alleine hatte, sondern dazu des Glaubens an den von ihm als Messias beglaubigten Jesus von Nazareth, bedurfte. Wenn man sich zur Beantwortung dieser Frage nicht auf biographische oder religionspsychologische Spekulationen verlassen will, wird man die systematischen Voraussetzungen prüfen müssen. Paulus leidet unter der philosophisch und existenziell gewonnenen Überzeugung, dass ein mehr oder weniger zwangloses Zusammenspiel von Wille und Absicht hier sowie von leiblichem Vollzug und Handeln dort nicht möglich ist.

»So finde ich mir nun ein Gesetz, der ich will das Gute tun, dass mir das Böse anhängt. Denn ich habe Lust an Gottes Gesetz nach dem inwendigen Menschen. Ich sehe aber ein anderes Gesetz in meinen Gliedern, das da widerstreitet dem Gesetz in meinem Gemüte und nimmt mich gefangen in der Sünde Gesetz, welches ist in meinen Gliedern.« (Röm 7,21–23)

Der Begriff des Gesetzes wird von Paulus hier in mehrfacher Weise verwendet: zum einen als ein Gesetz, das die »condition humaine« im Allgemeinen benennt: Menschen wollen das Gute tun, hängen aber dem Bösen an. Dann als Gottes Weisung – wohl die Tora, die dem inwendigen Menschen nahe ist. Und schließlich als das Gesetz – das »Gesetz in meinen Gliedern« – des menschlichen Leibes mit seinem Eigenleben. An anderer Stelle (Röm 7,16) stellt der Apostel fest: »Wenn ich aber das tue, was ich nicht will, dann gebe ich dem Gesetz zu, dass es gut ist.« Diese Formulierung ist mehr als nur paradox, scheint sie doch nichts anderes zu sagen, als dass das Leben nach dem Gesetz des Leibes die Bestätigung »des Gesetzes« ist. Aber um welches Gesetz handelt es sich hier? Bestätigt sich das Gesetz des Leibes selbst? Oder bestätigt es das Gesetz Gottes? Oder das Gesetz der »condition humaine«?

Wenn unter diesem Gesetz das Gesetz des Leibes alleine – sagen wir seine Triebhaftigkeit – gemeint sein sollte, dann bedeutete Paulus' Aussage, dass im alltäglichen Handeln und Entscheiden die Sündhaftigkeit des Leibes immer wieder aufs Neue bekräftigt und bestätigt wird. Wenn unter dem Gesetz das Gesetz des menschlichen Handelns in seiner Zerrissenheit verstanden wird, wäre diese Aussage tautologisch und nichtssagend. Wenn schließlich unter diesem Gesetz die Tora Gottes, jene Weisung, die Gebote, Satzungen und Vorschriften enthält, verstanden wird, treibt die Argumentation ins offen Widersprüchliche. In diesem Fall würde jeder sündige

Akt eine Tora rechtfertigen, die nach Vers 12 »heilig« ist. Was aber sollte daran abzulehnen sein?

Das Gesetz, das nicht befolgt werden kann

Die Antwort gibt der Apostel in Römer 8,3: Dieses Gesetz ist durch den Vollzug des Fleisches geschwächt, weil es – ganz ähnlich wie in der Rechtssphäre – offenbar nicht befolgt werden kann. Aus diesem Dilemma kann sich, so darf man Paulus verstehen, die Tora selbst nicht mehr heraushelfen, weswegen es eines neuen Handeln Gottes bedarf, das Paulus in dem von ihm bekannten Messias Jesus sieht. Paulus' paradox wirkenden Argumente und ihre Auflösung sind also nur dann schlüssig, wenn man – wie schon oben angedeutet – eine platonische, keine biblische Anthropologie zugrunde legt.

Der von Gott geschenkte Weg zum Leben

Das Judentum kennt nur eine Tora, und sie ist der von Gott geschenkte Weg zum Leben. Dass dieser Leben ermöglichende Weg als Inbegriff entleerter Pflichterfüllung perhorresziert wurde, ist weniger dieser Weisung selbst zuzuschreiben als jener Maxime des rabbinischen Judentums, die nach der Zerstörung des Tempels den Kerngehalt der Weisung dadurch retten wollte, dass sie diesen Kern durch weitere Gebote und Verbote umgab. »So machet«, heißt es in den »Sprüchen der Väter«, »einen Zaun um die Weisung.«

»Das Judentum ist eine Religion des Ritualismus«

Den Alltag wie den Tempel heiligen

Das Ritual als Außenseite der Angst

Als Reaktion auf die vermeintliche Verfallenheit des Judentums ans Gesetz hat die antijudaistische Polemik der Kirche den Sinn etwa der Speisegebote, in ihnen nämlich einen Ausdruck für die Heiligung des Lebens und die Dankbarkeit für die Gabe der Tora zu sehen, von Anfang an missverstanden und den Willen, der Weisung auch im Alltag zu folgen, zum Inbegriff eines leeren Ritualismus erklärt, also einer Religiosität, der es weder um Gottesliebe noch um Glauben, sondern lediglich um das von jedem Sinn entleerte, knechtische Befolgen von Regeln geht. Das Ritual wird zur Außenseite der Angst, zu einer Lebensform, die Angst sowohl verursacht als auch dämpft und die Menschen von Gott entfernt. Dass das traditionelle Judentum eine Religion des Ritualismus gewesen sei, meinten sogar die in Emanzipationsfragen durchaus auf der Seite der Juden stehenden Aufklärer, ja sogar emanzipierte Juden selbst. David Friedländer, ein Schüler Immanuel Kants, der das Judentum in seiner Schrift »Über die Religion innerhalb der Grenzen der bloßen Vernunft« als eine »statutarische« Religion bezeichnete, gab freimütig zu, schon als Kind die überkommenen Riten nicht mehr gekannt zu haben und sich ihrer zu schämen.

»Gehorsams-ethik«

Dass die Weisung des Judentums, die Tora und ihr Geist, sogar von liberalen, strikt gegen jeden politischen Antisemitismus eingestellten christlichen Theologen missverstanden wurde, zeigt auch das Werk von Rudolf Bultmann (1884–1976), eines Theologen, der sich nach 1933 tapfer dem sogenannten Arierparagraphen in der Kirche widersetzt hatte. In seinem 1926 erschienenen Buch über Jesus erörtert Bultmann die Differenz zwischen jüdischem und jesuanischem Gesetzesverständnis: »Für die jüdische Gesetzesfrömmigkeit gilt natürlich ebenso wie für Jesus, dass nicht ihr Festhalten am Gesetz, sondern ihr Verständnis des Gesetzes für sie charakteristisch ist … Das Ideal des frommen Juden ist danach der Mensch, der im Gesetz des Herrn studiert Tag und Nacht, der es versteht, für jede Lebenslage und jedes Verhalten durch kluge Deutung des Gesetzes die notwendige Verhaltensmaßregel zu finden …« »Als Gehorsamsethik« so führt Bultmann weiter aus, »ist die jüdische Sittlichkeit nicht vom Menschen aus entworfen, d.h. ihr Sinn ist nicht die Verwirklichung eines Ideals vom Menschen oder der Menschheit.« Bultmann schließt weiter, dass diese Gehorsamsethik endlich der Gehorsam gegen eine rein formale Autorität sei, »das Fehlen großer sittlicher Grundsätze, die Vernachlässigung ganzer wichtiger Lebensgebiete«, weshalb »das Rechnen mit guten Werken, der Stolz auf gute Werke im späten Judentum eine verhängnisvolle Rolle gespielt« habe.

Die Aufklärung und der Vorwurf des Ritualismus

Das Judentum so als Inbegriff des Ritualismus zu verstehen war weniger eine christliche als vor allem eine dem Geist der Aufklärung entsprungene Deutung – indem sich das moderne, emanzipierte Individuum von allen unbegriffenen und autoritär überkommenen Normen lösen sollte und wollte. Es ist kein Zufall, dass die Kritik am Judentum als Lebensform des Ritualismus im Zeitalter der Reformation beginnt und im Zeitalter der Aufklärung, des modernen, autonomen Individuums, ihren Höhepunkt hat.

In Wahrheit begeht das Judentum sogar zwei Feiertage, in denen es der Gnade des Erhalts der Weisung dankbar gedenkt: das »Wochenfest« Schawuoth, das an die Offenbarung vom Sinai erinnert und aus dem später das christliche Pfingstfest entstanden ist, sowie vor allem das Fest »Simchat Tora«, das Fest der Freude an der Weisung, an dem die Torarollen festlich geschmückt, in Freudentänzen durch die Straßen und dann in die Synagoge gebracht werden.

Religion und Gesellschaft

»Das Judentum ist eine Religion der Anmaßung«

Gottes Erwählung dankbar entgegennehmen

Das Motiv der Erwählung

Das Judentum gilt als die Religion des Erwähltheitsdünkels schlechthin. Es ist daher unerlässlich, jene Passagen der häuslichen und synagogalen Liturgie näher zu betrachten, in denen das Erwählungsmotiv zur Sprache kommt. Am Vorabend des Sabbat wird ein Segensspruch gesagt, der das Motiv des Dankes für die Gabe der Tora in aller Deutlichkeit entfaltet: »Gelobt seiest Du, Ewiger, unser Gott, König der Welt, der Du uns geheiligt durch Deine Gebote, uns erwählt hast und Deinen heiligen Sabbat in Liebe und Wohlgefallen uns zum Anteil gegeben hast als Gedenken des Schöpfungswerks. Er ist der erste Tag der heiligen Feste, eine Erinnerung an den Auszug aus Ägypten. Uns hast Du auserwählt, uns geheiligt von allen Nationen, und Deinen heiligen Sabbat hast Du uns in Liebe und Wohlgefallen zum Anteil gegeben. Gelobt seist Du Ewiger, der Du den Sabbat geheiligt.«

Gott aller Menschen

Die Anrufung Gottes als »König der Welt« beglaubigt den Monotheismus des jüdischen Glaubens und stellt fest, dass Gott der Gott aller Menschen ist und nicht nur ein Gott unter vielen. Als König der Welt ist er aber nicht nur der eine Gott Israels, sondern der eine Gott aller Menschen. Dieser eine Gott hat die Israeliten erwählt, ausgewählt, indem er ihnen am Sinai nicht nur allgemein verbindliche moralische Satzungen, sondern Weisungen zum rechten Leben (Mitzvot) gegeben hat, die Israel, die Juden, in ein besonderes Verhältnis zu Gott und damit zur Welt stellen – nichts anderes heißt »heiligen«. Der Sabbat, der als Ruhetag unter den anderen Tagen hervorgehoben ist, weist Abstand vom alltäglichen Tun und ist somit Einladung zur Muße. Dieser befreienden Gabe gedenkt Israel, gedenkt die jüdische Gemeinschaft in Dankbarkeit, da sie hierin ein Zeichen von Gottes Liebe erkennt. Dieses Liebeszeichen bezieht sich auf Gott als den Schöpfer – eine Tat, die von der so ins Leben gerufenen Schöpfung ebenfalls als Akt der Liebe begrüßt wird.

Exklusivität in der Vorläufigkeit

Der Text der häuslichen Liturgie vollzieht dann jedoch einen überraschenden Sprung: »Er (der Shabbat, M. B.) ist der erste Tag der heiligen Feste, eine Erinnerung an den Auszug aus Ägypten.« Die Ineinssetzung von Erschaffung der Welt und Befreiung der Kinder Israel aus Ägypten erkennt in deren Befreiung und in ihrem Auftrag, in der Wüste zu Gott dem Schöpfer und dem Gott ih-

Alejnu: Gebet am Ende des Gottesdienstes, das die Hoffnung auf die Hinwendung aller Menschen zu dem Einen Gott ausdrückt

rer Väter zu beten, den Anfang der Vollendung des Schöpfungswerks, das dann – wie das synagogale »Alejnu«-Gebet zeigt – vollendet sein wird, wenn alle Völker der Welt diesen Gott anbeten. Der doppelte Dank für die Erschaffung der Welt und für die Befreiung aus Ägypten lässt den vermeintlich dünkelhaften Erwählungsglauben in einem anderen Licht erscheinen. Es handelt sich um eine Exklusivität in der Vorläufigkeit, eine Exklusivität, die nach rabbinischer Überzeugung durch die für alle Menschen verbindlichen noachidischen Gebote ohnehin schon von Anfang an eingeschränkt war.

Universalismus oder Exklusivismus?

Im Halten des Shabbat, der ebenso wie das Passahfest an den befreienden Auszug aus Ägypten erinnert, erfahren sich jüdische Familie und Gemeinde als dankbare Zeugen einer guten Schöpfung und einer Befreiung zu Gott dem Schöpfer, der in einem auch jener ist, der Israel und den Menschen ein lebensdienliches Regelwerk gegeben hat. Die Schöpfung erfüllt sich im Auszug aller Menschen aus der Knechtschaft, die Erwählung Israels stellt auf diesem Weg den ersten Schritt dar, und das Judentum dankt Gott dafür, für jenen Weg der Befreiung Zeugnis ablegen zu dürfen. Wollte man also das Judentum des dünkelhaften Auserwähltheitsglaubens zeihen, so müsste man die Kritik an seinem universalistischen Monotheismus aufgeben; wollte man ihm diesen Universalismus als intolerant und imperial vorwerfen, müsste man auf den Vorwurf des Exklusivismus verzichten.

Universalismus des Judentums

Dieser Universalismus beginnt mit den Propheten, deren Texte in jedem Sabbatgottesdienst als Vervollständigung und »Auflösung«, als »Haftara«, nach der Tora gelesen werden. Die im 8. Jahrhundert vor der christlichen Zeitrechnung bei den Wortpropheten artikulierten Grundsätze eines gerechten Zusammenlebens von Völkern und ihren Herrschern in Krieg und Frieden weisen weder die Präzision noch die Positivität der modernen Menschenrechte auf, auch lassen sie jede Erwähnung eines Gedankens der individuellen menschlichen Würde als solcher vermissen. Allerdings: In den Schriften der Weisen Israels, der Tannaim und Amoraim, finden wir Debatten und Erörterungen, die genau jene Fragen berühren, welche auch heute noch die vor allem bioethischen und politisch-ethischen Fragen einer ebenso globalisierten wie technisch beherrschbar gemachten Welt betreffen: die Fragen danach, wann überhaupt ein Mensch ein Mensch ist, welches der Wert des einzelnen menschlichen Lebens ist und wie sich dieser Wert aus den biblischen Schriften begründet. In den heutigen bioethischen Diskussionen vor allem der Stammzellenforscher wird gerne darauf hingewiesen, dass Israel ein Eldorado von moraltheologisch nicht beeinträchtigter Grundlagenforschung sei; ein Hinweis, der ohne jeden Zweifel zutrifft und in der Tat in den rabbinischen Erörterungen zum Schwangerschaftsabbruch wurzelt.

Tannaim und Amoraim: die erste und zweite Generation der Talmudlehrer

Die Menschlichkeit des Menschen

Anders als das immer stärker platonisch geprägte Christentum kannte das rabbinische Judentum zwar auch eine dualistische Anthropologie von Leib und Seele und wich damit von der biblischen Ganzheitslehre, die sich im Begriff der »Nefesch« kondensierte, ab. Niemals ging es aber so weit, das Konzept einer vom Leib getrennten, die wahre Essenz des Menschseins ausmachenden Seele zu vertreten. Bei der Frage nach der Menschlichkeit des Menschen geht es zunächst nicht um eine moralische, sondern um eine ontologische Frage. Entscheidend ist nach der rabbinischen Debatte, dass das Leben geborener Menschen nicht gegeneinander aufgewogen werden darf. Die Begründung hierfür fanden die Rabbanim des 2. und 3. Jahrhunderts in der biblischen Gottesebenbildlichkeit des Menschen. So erklärte Rabbi Akiba im frühen 2. Jahrhundert, dass der Respekt des Menschen vor dem Menschen in dem Ausmaß wuchs, in dem er erkannte, dass er und seinesgleichen von Gott geschaffen worden waren. Das damit aufgestellte Prinzip einer Gleichheit aller Menschen findet sich – wenn auch in erzählerischer Form – bereits in der Mischna, der mündlich überlieferten Tora vom Sinai, die seit dem frühen 2. Jahrhundert der Zeitrechnung in Schriftform bekannt ist.

Rabbi Akiba, gest. um 135, bedeutendster Vertreter des rabbinischen Judentums

»Also ward der Mensch als einzelnes Individuum geschaffen, und um des Friedens unter den Menschen willen sollte niemand zu seinem Genossen sagen: Mein Vater war größer als deiner und zugleich die Größe Gottes, gesegnet sei er, aufrufen, denn: wenn ein Mann viele Münzen mit einem Prägestock prägt so sind doch alle Münzen gleich – aber der König der Könige prägte jeden Menschen mit dem Prägestock des ersten Menschen und (dennoch) ist keiner mit seinem Genossen identisch. Und daher ist es die Pflicht eines jeden Menschen, zu beten (zu sagen): Um meinetwillen wurde die Welt erschaffen.«

Heiligkeit des Individuums

Das damit vergleichsweise früh gefasste Prinzip der Heiligkeit der Individualität und damit eines jeden Individuums hat sich in einer Reihe moralischer Imperative niedergeschlagen. Wieder war es Rabbi Akiba, der die wesentlichen Stichworte lieferte: »Der Mensch ist geliebt, denn er war in Gottes Antlitz geschaffen.« Und: »Jeder, der (menschliches) Blut vergießt, zerstört das Ebenbild Gottes« – eine Aussage, die sein Schüler Ben Azzai noch verschärfte: »Jeder, der sich nicht für den Schutz der menschlichen Gattung einsetzt, wird von der Schrift angeklagt, die Gottesebenbildlichkeit zu verkleinern.«

An einer weiteren Debatte, dokumentiert vor allem im talmudischen Traktat »Sanhedrin«, wird deutlich, dass die Rabbanim die prophetischen Bücher ausgezeichnet kannten, wenn sie sich etwa auf Jesaja 43 beziehen, wonach Gott alles, auch den einzelnen Menschen, zu seinem Ruhm geschaffen hat. Damit gehört der von Gott geschaffene Mensch nicht nur der Schöpfung an, sondern wird auch aus ihr herausgehoben, wie Rabbi Nehemia erklärte: »Ein Mensch gleicht in seinem Wert dem ganzen Werk der Schöpfung.« Eine Formulierung, die die Abwägung von menschlichem Leben, sofern es auf der Welt ist, im Grundsatz verbietet. Die Weisen Israels setzten demgegenüber auf ein strikt individualisiertes, moralisches Handeln, das dem einzelnen menschliches Leben rettenden Individuum zugleich das Verdienst anrechnet, die Schöpfung im Ganzen gerettet zu haben, so jedenfalls die Mischna: »Jeder, der einen einzelnen Menschen rettet, wird es so angerechnet, als ob er die ganze Schöpfung gerettet habe.«

Das Recht auf Selbstverteidigung

Folgt daraus umgekehrt, dass, wer ein einzelnes menschliches Leben zerstört, auch im Grundsatz die Schöpfung im Ganzen zerstört? Zu solcher Radikalität waren die stets realistisch und pragmatisch denkenden Rabbanim nicht bereit. Anders als der rigorose Bergprediger befürworteten sie gerade aus dem Prinzip der Heiligkeit eines einzelnen Lebens ein Recht auf Notwehr und Selbstverteidigung, ohne indes jenen, die Selbstverteidigung übten, ein übermäßig gutes Gewissen zu verschaffen: Dass, wer Blut vergießt, damit zugleich Gottes Ebenbild zerstört, wird durch den möglicherweise legitimen Zweck einer solchen Handlung (etwa Notwehr) nicht aufgehoben.

Es war Hillel, der auch dieser Erfahrung in einer ausgerechnet auf die hellenistisch-römische Staatsreligion bezugnehmenden Geschichte Rechnung trug: »Dieses Prinzip mag der Geschichte eines Königs gleichgesetzt werden, der ein Land eroberte, Abbilder seiner selbst aufstellen, Statuen seiner selbst errichten und Münzen mit seinem Bild prägen ließ. Als dann seine Abbilder umgestürzt, seine Statuen zerbrochen und der Wert seiner Münzen außer Kraft gesetzt wurden, wurde auch die Ähnlichkeit mit dem König zerstört. Und genau so schreibt es die Schrift einem jeden zu, der (menschliches) Blut vergießt: Er zerstört das Ansehen des Königs (Gottes).«

Hillel, der Ältere, Ende des 1. Jahrhunderts vor der Zeitwende bis Anfang des 1. Jahrhunderts danach, einer der führende Gelehrte des antiken Judentums

Gleichwohl ist nicht zu übersehen – und das wird an der zuletzt wiedergegebenen Parabel Hillels deutlich –, dass die Würde des Menschen als Ebenbild Gottes ganz und gar von der Würde Gottes abgeleitet ist. Die im rabbinischen Judentum entwickelten Vorstellungen von der Einzigartigkeit und Unantastbarkeit des Menschen widerlegen zwar nicht die Vorstellung eines erhabenen Gottes, wohl aber das Vorurteil, dass dieser ebenso erhabene wie barmherzige Gott den Menschen in größter Distanz gegenübersteht. Das Gegenteil ist der Fall: Gerade weil Gott erhaben ist und weil er in seiner Erhabenheit und Barmherzigkeit den Menschen, die Menschen geschaffen hat, geht diese Erhabenheit und das heißt Heiligkeit und – moralisch-politisch gesehen: Unantastbarkeit auf sie über.

Erwählung und Universalismus

An der rabbinischen Lehre von der Unantastbarkeit des Menschen wird zugleich deutlich, dass das Verhältnis von Verheißung und Auftrag im Judentum gerade ob seiner vermeintlichen Partikularität strikt universalistisch ist. Zwar ist Israel eine besondere Verheißung gegeben, gleichwohl gelten die fundamentalen Weisungen Gottes allen Menschen – allen Menschen, denen schon im rabbinischen Judentum unabhängig von ihrer Herkunft, ihrer Zugehörigkeit und ihrem Glauben eine eigene Gottesbeziehung und daher auch eine eigene Würde, eine eigene Unantastbarkeit und – ja – Heiligkeit zukommt.

Tatsächlich danken Jüdinnen und Juden für die Erwählung – zumal die Liturgie des häuslichen Sabbatgottesdienstes wie auch die synagogalen Schlussgebete das bezeugen. Indes: Wenn die Tora Gottes, die gute Weisung, ein Weg zum Leben ist, dann besteht jeder Anlass, Gott für diese Gabe zu danken, für eine Gabe, die Israel gegeben wurde, und das daher Gott bittet, dieses Licht allen Völkern zukommen zu lassen, und daher gläubig darauf vertraut, dass eines Tages alle Völker jenen Gott, der sich als Gott Israels offenbart hat, anzubeten vermögen.

»Das Judentum ist eine Religion des Rassenstolzes«

Jeder kann dem Sinaibund beitreten

Wie wird man Jude?

Bedeutet die Zusage, Gott werde dereinst die ganze Welt regieren, dass die einmal erwählten Juden bis dahin unter sich bleiben? Wenn Judentum vererbbar ist, heißt das, dass niemand, es sei denn indirekt, dieser Verheißung teilhaftig werden und Jude werden kann? Die Frage, wer warum Jüdin oder Jude ist, beschäftigt heute nicht nur die israelischen oder deutschen Einwanderungsbehörden. Auch ein breites Publikum stellt sich diese Frage immer wieder, und häufig entsteht der nicht ganz ungerechtfertigte Eindruck, dass der Übertritt zum Judentum schwieriger ist als der Übertritt zu anderen Religionen. In Verbindung mit den einschlägig bekannten Passagen aus den Büchern Esra und Nehemia führt dies zu der Annahme, dass sich die Zugehörigkeit zum jüdischen Volk allein der mütterlichen Herkunft verdankt und sich die Angehörigkeit zum Judentum letztlich an biologischen Kriterien bemisst.

Die zur Untermauerung dieses Vorwurfs üblicherweise hinzugezogene Bibelstelle findet sich im Buch Esra (Esra 10), wo berichtet wird, wie Esra nach der Wiederkehr der jüdischen Oberschicht aus der babylonischen Gefangenschaft das ganze Volk – genauer gesagt dessen männlichen Teil, der den Gang ins Exil nicht hatte antreten müssen – aufforderte, ihre nichtjüdischen Frauen wegzuschicken und sich von ihnen scheiden zu lassen. Dabei wird selten auf das nach heutigen Maßstäben in der Tat drastischen Maßnahmen zugrunde liegenden Motiv geachtet, auf die Annahme nämlich, dass in derlei Ehen sowohl die jüdischen Männer als auch die aus diesen Ehen entstammenden Kinder heidnischen Gottheiten anhängen könnten.

»So sollt ihr nun eure Töchter nicht ihren Söhnen geben, und ihre Töchter sollt ihr nicht für eure Söhne nehmen.« Esra 9,12

Das Buch Rut und die Zugehörigkeit zum Judentum

Jedoch enthält die Bibel ein anderes Buch, von dem angenommen wird, dass es ungefähr in dieser Zeit, womöglich als Reaktion auf Esras Eheregel, entstanden ist. Im Buch Rut wird erzählt, wie die moabitische Schwiegertochter einer jüdischen Frau, deren beiden Söhne verstorben waren, dieser auf ihrem Weg von Moab nach Judäa zu folgen versprach und ihr mitteilte, dass deren Gott auch ihr Gott sei (Rut 1,16). Das Buch Rut kennt noch keinerlei förmliches Verfahren des Übertritts und geht wie selbstverständlich davon aus, dass ein solcher Übertritt problemlos möglich sei. Zumindest für die Zeit zwischen der Zerstörung des ersten und des zweiten Tempels kann also keine Rede davon sein, dass die Zugehörigkeit zum Judentum einzig und allein an die Geburt gebunden war. Mehr noch: Anders als im rabbinischen Judentum war die Zugehörigkeit offensichtlich über den Vater geregelt. Rut jedenfalls wird auf Betreiben der Mutter ihres verstorbenen Mannes später einen weiteren jüdischen

Mann, Boas, verführen und heiraten und so zu einer Stammmutter König Davids werden.

Judentum und Missionierung

Beides, sowohl die matrilineare Zugehörigkeit als auch die Ablehnung der Mission, ist erst in spätrömischer Zeit entstanden. Die Gründe dafür sind bis heute nicht völlig geklärt. Nach rabbinischem Recht wird die Zugehörigkeit nach der Mutter bemessen; zudem versteht sich das rabbinische Judentum, anders als das Christentum, nicht als missionierende Religion. Tatsächlich hat auch das antike Judentum missioniert, was nicht nur einer bekannten Passage aus dem Matthäusevangelium zu entnehmen ist, sondern auch den von der Mitte des 2. bis zum 4. Jahrhundert immer wieder verkündeten kaiserlich-römischen Edikten. Aus Edikten des frühen 2. Jahrhunderts, die es jüdischen Familienvätern verbieten, ihr nichtjüdisches Gesinde zum Übertritt zu motivieren, geht hervor, dass es zumindest eine auf die Hausgemeinschaft bezogene Form der Mission gegeben haben muss. Knechte und Mägde, Sklavinnen und Sklaven sollten schon alleine deshalb jüdisch werden, um den Weisungen der Tora im jüdischen Haus nachgehen zu können. So ist in dem einige Jahrzehnte älteren Matthäusevangelium ein eigentümliches Fluchwort überliefert, das den Pharisäern vorwirft, über Land und Meer zu reisen, um nur einen einzigen Proselyten zu machen.

»Weh euch, Schriftgelehrte und Pharisäer, ihr Heuchler, die ihr Land und Meer durchzieht, damit ihr einen Judengenossen gewinnt; und wenn er's geworden ist, macht ihr aus ihm ein Kind der Hölle, doppelt so schlimm wie ihr.« Mt 23,15.

Erschwerung der Konversion

Die kaiserlichen Gebote führten jedoch dazu, die Mission ganz zu unterlassen und – mehr noch – es zumal in der späten Antike nicht selten anzutreffenden »Gottesfürchtigen« auch noch systematisch zu erschweren, zu konvertieren. Diese Erschwerung resultierte nicht aus einem auf ethnische Reinheit pochenden Abwehrreflex, sondern aus einer sorgfältig wahrgenommenen Fürsorgepflicht, war doch spätestens seit der konstantinischen Wende unübersehbar, dass Angehörige der jüdischen Gemeinschaft einer bedrängten Minderheit angehörten. Im Verbund mit der ebenfalls in der späten Antike durchgesetzten matrilinearen Zugehörigkeitsregelung, deren Ursachen und Anlass wahrscheinlich in der gewollten Angleichung an allgemeines römisches Statusrecht zu suchen sind, entstand der Eindruck ethnischer Abschottung.

Bedingungen der Konversion

Das im Talmud und seinen Ergänzungsschriften kodifizierte Regelwerk, wie es vor allem in der Erläuterung zum Traktat »Jebamot«, 47 a–b, enthalten ist, sieht vor, dass mögliche Proselyten ihren Übertritt einzig aus rein religiösen Gründen vollziehen sollen. Konversionswillige müssen demnach bereit sein, das Schicksal des jüdischen Volkes zu teilen, auch wenn diese Zugehörigkeit Leid und Verfolgung nach sich zieht. Konversionswillige sind über die Normen der Tora zu unterrichten und gehalten, sie zu akzeptieren. Eine spätere, tannaitische Auslegung stellt fest, dass Konversionswillige bereit sein müssen, alle Weisungen zu befolgen; die Weigerung, auch nur einer einzigen Weisung zu folgen, macht den Übertritt zunichte.

Ungültige Konversion?

Ein erhebliches Problem stellte schon damals die Konversionsbereitschaft aus anderen als religiösen Motiven dar, etwa aus Angst oder aufgrund von Einschüchterung, mit der Hoffnung auf materielle Vorteile oder der Wunsch, einen jüdischen Partner, eine jüdische Partnerin zu heiraten. Die rabbinische Diskussion war über Jahrhunderte mit der Frage konfrontiert, ob die einmal vollzogene Konversion mit dem Lernen der jüdischen Lebensweise, mit Abgabe einer entsprechenden Erklärung vor einem rabbinischen Gericht, bei Männern ggf. mit der Beschneidung, bei Männern und Frauen mit dem dreimaligen Untertauchen im rituellen Bad im Fall einer nachträglichen Entdeckung falscher Angaben oder inakzeptabler Konversionsmotive gilt, oder ob die Konversion damit nachträglich unwirksam wird und die entsprechende Person wieder wie »einer aus den Völkern«, ein Goj, zu behandeln sei. Mehrheitlich hat sich die Überzeugung herausgebildet, dass der formelle Akt die Zugehörigkeit der Person zum jüdischen Volk unwiderruflich festlegt.

Sozialer Status der Konvertiten

Eine sozialpsychologische Perspektive stellt zu Recht fest, dass es auch nach erfolgter Konversion immer wieder vorkommt, dass Konvertiten von alteingesessenen, eingeborenen Mitgliedern jüdischer Gemeinden nicht als gleichwertig angesehen werden. Dieser soziologisch gewiss nicht bestreitbare Befund steht jedoch im Widerspruch zum Sinn der religiösen Praxis und ihrer Begründung. Gleichwohl ist einzuräumen, dass sich insbesondere spätere talmudische Ausleger, die sogenannten Amoräer, auch negativ über Proselyten geäußert haben. So meinte der Komentator R. Isaac, dass von jenen, die Proselyten akzeptierten, Übel über Übel käme. Die überwiegende Mehrheit der ersten Generation von Auslegern, der Tannaiten, gab freilich unter Bezug auf Exodus 22,28 zu Protokoll: »Geliebt sind die Proselyten.« In konsequenter Befolgung dieser Meinung war die rabbinische Auslegung bezüglich Personen, die eine formgerechte Konversion vollzogen haben, eindeutig: Proselyten seien so zu behandeln, als wären auch sie am Sinai im Augenblick des Bundesschlusses mit dabei gewesen. Daraus folgt im Umkehrschluss, dass es ein schweres Vergehen ist, ihnen ihre Herkunft aus den Völkern vorzuhalten oder sie im Hinblick darauf diskriminierend zu behandeln.

»Du sollst Fremden, die unter dir leben, weder Unrecht tun noch sie bedrängen, denn selbst warst du ein Fremder im Lande Ägypten.« Ex 22,28

Die Reaktion des bedeutendsten Kodifikators talmudischer Weisungen, des mittelalterlichen Philosophen Moses Maimonides, steht beispielhaft für diese Haltung. In einer Antwort auf ein Schreiben des Proseylten R. Obadjah stellte er fest: »Ein Mensch, der seine Eltern, seinen Geburtsort und die Selbständigkeit seines Volkes, das regiert, aufgegeben hat und einem Volk beigetreten ist, das so missbraucht und verfolgt wird, weil er verstanden hat, dass ihre Reli-

Moses Maimonides, 1138–1204, jüdischer Philosoph, Arzt und Schriftgelehrter

gion Wahrheit und Gerechtigkeit repräsentiert, und all dies anerkennt und dem Herrn folgt und sich damit unter die Flügel der göttlichen Anwesenheit begeben hat, im Wunsch, Gottes Weisungen zu befolgen, und der damit sein Herz Gott nahebringen will im Licht des Lebens … Gott nennt solche Menschen Jünger unseres Vaters Abraham, der ebenfalls seine Eltern, seinen Geburtsort aufgegeben und sich dem Herrn zugewandt hat.«

Das führt in der synagogalen, liturgischen Praxis dazu, dass Proselyten beim namentlichen Aufruf zur Lesung der Tora als »NN ben Abraham« bzw. – sofern es sich um konservative und liberale Gottesdienste handelt, bei denen auch Frauen aufgerufen werden – als »NN bat Abraham ve Sarah« genannt werden. Von einer Religion der Überheblichkeit und des Rassenstolzes kann mithin keine Rede sein, wohl aber von der hellsichtig erkannten Lage einer Glaubensgemeinschaft, die sich ihrer eigenen, oft prekären Lage stets schmerzhaft bewusst gewesen ist und deshalb all jene, die zu ihr übertreten wollten, vorher vor möglichen negativen Folgen warnte bzw. sich der Standhaftigkeit der Proselyten vergewissern wollte.

»Das Judentum ist eine Religion des Patriarchats«

Zur Rolle von Sexualität, Familie und Geschlechterbeziehung

Eine patriarchale Religion?

Der Hinweis darauf, dass im orthodoxen Judentum ausschließlich Männer zur Lesung der Tora aufgerufen werden und eine vollgültige Gebetsgemeinschaft aus zehn erwachsenen Männern zu bestehen hat, führt zu der Frage, ob das Judentum mit seinem angeblich so männlich-rachsüchtigen Gott nicht auch der Inbegriff einer die Frauen systematisch unterdrückenden, patriarchalen Religion ist. So schrieb vor 20 Jahren die protestantische Religionswissenschaftlerin E. Sorge: »Wie revolutionär der Rabbi Jesus zu seiner Zeit gewirkt haben muss, wenn er sich weder an die 613 jüdischen Gesetze hielt, die die Rabbis einhalten müssen, auch nicht an die Reinheitsvorschriften gegen Frauen, noch an Nicht(be)achtung, Ausbeutung und Liebesverweigerung, habe ich nie zuvor so intensiv verstanden wie in der Thora-Schule von Jerusalem.«

Diese Stimme, die sich zugleich gegen christlichen Antijudaismus ausspricht, hat bei alledem völlig übersehen, dass in den nichtorthodoxen, konservativen und liberalen Spielarten des Judentums längst, seit gut 50 Jahren, die liturgische Gleichberechtigung der Frau vollzogen ist, ganz abgesehen davon, dass etwa das US-amerikanische Reformjudentum Frauen zu Rabbinerinnen ordiniert hat, lange bevor protestantische Kirchen dazu übergingen, Frauen zu Pfarrerinnen zu ordinieren.

Das orthodoxe Judentum und die Frauen

Tatsächlich ist die orthodox-jüdische Religion, wie sie vom 4. Jahrhundert der Zeitrechung bis heute existiert, in ihren liturgischen Vollzügen eine patriarchale, auf den ersten Blick sogar frauenfeindlich wirkende Religion. So sieht der orthodoxe Ritus für das häusliche wie das synagogale Morgengebet – sofern es von Männern gesprochen wird – folgende Segenssprüche vor: »Gelobst seist, Du, Ewiger, unser Gott, König der Welt, der dem Hahn Erkenntnis gegeben, zu unterscheiden zwischen Tag und Nacht … Gelobt seist Du, Ewiger, unser Gott, König der Welt, der mich nicht als Heiden erschaffen … Gelobt seist Du, Ewiger, unser Gott, König der Welt, der mich nicht als Sklaven erschaffen …«, sowie: »Gelobt seist Du, Ewiger, unser Gott, König der Welt, der mich nicht als Frau erschaffen.« Die orthodoxe Liturgie sieht für Frauen eine Variation des letzten Segensspruches vor: »Gelobt seist Du, Ewiger, unser Gott, König der Welt, der mich nach seinem Willen erschaffen.«

Die den Männern aufgegebenen Segenssprüche loben einen mächtigen Gott dafür, die Beter angesichts weltlicher, gesellschaftlicher und »natürlicher« Unterschiede auf der richtigen Seite platziert zu haben. Es ist besser, Jude zu sein, als Heide, frei zu sein, als Sklave, und es ist besser Mann zu sein als Frau. Die von orthodoxer Seite gerne vorgebrachte Erklärung, es ginge hier lediglich um eine wertfreie Preisung von Unterschieden, verschlägt in diesem Fall nicht, da die Unterscheidung zwischen »Jude« und »Heide« sowie zwischen »frei« und »Sklave« gar nicht anders als wertend zu verstehen ist. Indem das Volk Israel Gott für die Gabe der Tora dankt, sieht es sich besser gestellt als jene, die keine Tora haben. Dass sowohl in der Antike als auch im Mittelalter die Freiheit der Sklavenexistenz vorzuziehen war, bedarf keiner weiteren Debatte. Frauen, das setzt dieser Segensspruch zu Beginn eines jeden Tages voraus, sind grundsätzlich schlechter gestellt als Männer. Allerdings kann er auch als Dank dafür verstanden werden, von der nicht ungefährlichen und oft schmerzhaften Last des Gebärens befreit zu sein. Dennoch lässt sich die patriarchale Grundierung an der Form des weiblichen Pendants ablesen: Frauen sollen Gott dafür segnen, so zu sein, wie sie sind, ohne doch sagen zu können, wofür.

Befreiung von den Mitzvot

Die mit dem rabbinischen Judentum etablierte Matrilinearität privilegiert Frauen insofern, als sie und ihre Kinder ohne Zweifel und weitere Verfahren dem jüdischen Volk angehören. Nach orthodoxer Lesart sind Frauen zudem dadurch privilegiert, dass sie vielen Weisungen nicht entsprechen müssen. Ob diese Befreiung von vielen Mitzvot jedoch als Ausdruck der Hoch- oder der Geringschätzung gelten muss, ist alles andere als klar. Fest steht, dass Frauen eine Reihe synagogaler, liturgischer Pflichten nicht übernehmen müssen, offen ist dagegen, ob sie diesen Mitzvot, wenn sie es denn wollten, genügen dürften. Die Zuteilung religiöser Rechte und Pflichten basiert auf der

Mitzva, Mitzvot, wörtlich: »Gebot, gute Tat«

komplexen Unterscheidung von positiven und negativen Mitzvot (also Weisungen, die erfüllt werden müssen, und Weisungen, die bestimmte Verhaltensweisen untersagen). Beide Arten von Weisungen werden noch einmal danach unterschieden, ob sie entweder unbedingt gültig oder zeitgebunden sind. Die Mischna, also die nach rabbinischem Glauben ebenfalls am Sinai offenbarte, aber erst nach der Zerstörung des zweiten Tempels niedergeschriebene Offenbarung, hat das im Traktat »bKiddushin« (Heiligungen) grundsätzlich geregelt.

Dabei sind unter »zeitabhängigen Mitzvot« jene zu verstehen, die vorgeben, welche Handlungen zu einem bestimmten Zeitpunkt im Tageslauf zu verrichten sind, etwa das Sprechen eines Gebetes zu einer bestimmten Tageszeit. In dieser Hinsicht behandelt die Mischna Frauen ebenso wie Kinder und Sklaven.

»Alle positiven Weisungen, die zeitabhängig sind: Männern obliegen ihnen, Frauen sind von ihnen ausgenommen. Aber alle positiven Weisungen, die nicht zeitgebunden sind, verpflichten Männer und Frauen gleichermaßen. Alle negativen Weisungen, gleichgültig, ob sie zeitabhängig sind oder nicht, verpflichten sowohl Männer als auch Frauen, ausgenommen: ›Du sollst deine Schläfenlocken nicht scheren noch sollst du die Ecken deines Bartes scheren‹ ...«
Babylonischer Talmud, Traktat Kiddushin 33 b

»Frauen, Sklaven und Minderjährige sind vom Sagen des ›Höre Israel‹ und vom Anlegen der Gebetsriemen ausgenommen, jedoch verpflichtet, zu beten, die Mesusa zu berühren und nach den Mahlzeiten das Dankgebet zu sagen.«
Babylonischer Talmud, Traktat Berakhot 20 a–b

Während das »Schma Israel« und das Anlegen der Gebetsriemen zu einem bestimmten Zeitpunkt, nämlich bei Sonnenaufgang zu vollziehen ist, gilt das nicht für die anderen häuslichen Gebete. Die Mesusa, der an den Türposten geheftete Text des »Schma Israel«, ist immer zu berühren, so man an ihr vorbeigeht und das Dankgebet nach Mahlzeiten immer dann, wenn die Mahlzeit beendet ist – ohne dass vorgeschrieben wäre, wann die Mahlzeiten genau einzunehmen sind. Die Begründungen dafür, dass Frauen von den positiv-zeitgebundenen Mitzvot befreit sind, setzen die patriarchale Ordnung fraglos voraus. So begründet etwa ein mittelalterlicher Kommentator diese Regel damit, verheirateten Frauen einen Loyalitätskonflikt zwischen Gott und ihrem Ehemann zu ersparen. Würde die Frau einer göttlichen Weisung folgen, während ihr Mann sie zu etwas anweist, geriete sie ebenso in einen Loyalitätskonflikt wie in einer Situation, in der sie etwas auf Weisung ihres Mannes tut, aber bemerkt, dass sie – der göttlichen Mitzva wegen – diese Aufgabe zu unterbrechen hätte.

Die Regel, zu zeitgebundenen Mitzvot nicht verpflichtet zu sein, scheint sich demnach vor allem

Synagoge und Haus

auf den Binnenbereich des Hauses zu beziehen. Die orthodoxe Auslegung geht grundsätzlich davon aus, dass Männer und Frauen, gleich viel wert sind, sie aber unterschiedlichen Sphären zugeteilt sind. Manche Ausleger behaupten gar, dass im Wechselspiel von Öffentlichem und Privatem, von Synagoge und Haus, das private, häusliche Familienleben für die jüdische Existenz bedeutsamer sei. Immerhin war es das Ziel der pharisäischen Reform des Judentums im 1. und 2. Jahrhundert, das häusliche Alltagsleben und dessen Vollzüge für ebenso heilig zu erklären wie den Dienst im Tempel. Demnach ist das vor allem den Frauen überantwortete Familienleben mindestens so wichtig wie die beiden anderen Felder, auf denen sich jüdisches Leben zu bewähren hat: die liturgischen Vollzüge in der Synagoge sowie das Studieren der Schriften. Das Befremden, das die Vollzüge in einer Jerusalemer Synagoge bei der oben zitierten feministischen Theologin hervorgerufen haben, dürfte durch zweierlei provoziert worden sein:

Trennung in der Synagoge

Erstens sieht die orthodoxe Liturgie eine strikte Trennung von Frauen und Männern in der Synagoge vor, die durch Vorhänge oder dadurch, dass die Frauen, von den Männern ungesehen, auf einer Empore sitzen, realisiert wird. Zweitens sieht die orthodoxe Liturgie keine Beteiligung von Frauen an zentralen gottesdienstlichen Handlungen vor: Höhepunkt jeder Gebetseinheit ist das feierliche Hervorholen der Torarollen aus ihrem Schrein, ihre Öffnung auf einem Pult in der Mitte der Synagoge und das Lesen daraus. Dazu werden Gemeindemitglieder »aufgerufen«

Ausschluss von gottesdienstlichen Handlungen

– nach dem Sprechen des Segens stehen sie neben dem Rabbiner und Kantor und begleiten ihn, während er den hebräischen Text laut psalmodiert. Im orthodoxen Judentum hatten Frauen über Jahrhunderte daran keinen Anteil.

Der Eros als Grund der Trennung

Die für beides vorgebrachten Gründe sind unterschiedlicher Art. Während die strikte (Sicht-) Trennung von Männern und Frauen Ausdruck einer in unseren heutigen Augen überscharf wahrgenommenen Geschlechtsnatur vor allem der Männer ist, betrifft die zweite Form des Ausschlusses die spezifische Natur von Frauen. Die Trennwand, der Vorhang, die Sichtblende oder die Empore sind Ausdruck der Überzeugung, dass die sichtbare Anwesenheit von Angehörigen des anderen Geschlechts die Beterinnen oder Beter von der Konzentration auf Gott ablenken könnten. Der Eros, der geschlechtliche Trieb, wird damit als eine gewaltige Lebensmacht anerkannt, die in ihren Bereich gebannt werden muss – der Gemeinde wird nicht abverlangt, sich gegen alle Anfechtungen in inneren Kämpfen zu behaupten. Im Umkehrschluss wird für das Gebet eine totale Hingabe an Gott abverlangt.

Ausschluss von der Toralesung

Damit ist jedoch die Nichtbeteiligung von Frauen an der Toralesung noch nicht zur Gänze erklärt. Denn immerhin müsste es möglich sein, zumindest in nur aus Frauen bestehenden Gebetsgemeinschaften die Tora zu berühren und zu lesen – eine Praxis, die sich übrigens als Reaktion auf liberale und egalitäre Liturgiereformen allmählich, zumal unter orthodoxen Frauen in den USA, aber auch in

Israel durchzusetzen beginnt. Auf jeden Fall scheint die allgemeine Regel, wonach Frauen »lediglich« von »zeitgebundenen Mitzvot« befreit sind, hier nicht zu gelten, da das Lesen und Lernen aus der Tora nicht strikt zeitlich gebunden ist. Die spätantiken und mittelalterlichen Ausleger waren sich zunächst nicht darüber im Klaren, ob Frauen zwar von der aktiven Lesung ausgeschlossen sind, wohl aber dazu verpflichtet seien, die Toralesung zu hören, was ihre Präsenz in der Synagoge zwingend notwendig gemacht hätte. Immerhin schreibt die Tora ganz Israel vor, der Weisung zu folgen (Dtn 31,12–13). Die rabbinische Auslegung dieser Bibelpassage führt indes nicht zwingend zur Pflicht, zur Mitzva, aus der Tora zu lesen, geht es doch beim liturgischen Umgang mit der Tora um zweierlei: um die Weisung, die Lesung der Tora hörend zu verfolgen, und um die Weisung, die Tora zu studieren. Wenn das Lesen der Tora als Teil der Pflicht zur Versammlung angesehen wird, sind Frauen dazu ebenfalls verpflichtet. Wenn allerdings das Lesen aus der Tora lediglich eine Konsequenz der Pflicht ist, die Tora zu studieren, sind Frauen davon ausgeschlossen. Die rabbinische Begründung hierfür beruft sich auf Deuteronomium 6,7: »Und du sollst deine Söhne immer wieder die Weisung lehren und zu ihnen sprechen und über sie sprechen, wenn du zu Hause bist, wenn du dich niederlegst und wenn du aufstehst.«

»Versammle das ganze Volk, Männer, Frauen, Kinder und auch die Fremden unter euch, auf dass sie hören und somit lernen mögen, den Herrn, euren Gott, zu ehren und sorgfältig jedes Wort seiner Weisung zu erfüllen.« Dtn 31,12–13

Beteiligung von Frauen an der Toralesung

Auch diese Begründung ist patriarchal. Sie versteht den hebräischen Ausdruck »Banim« als exklusive Bezeichnung für »Söhne« und lehnt es ab, den Ausdruck, was völlig korrekt wäre, mit »Kinder« zu übersetzen. Entgegen dieser Auslegungstradition findet sich bereits in talmudischer Zeit eine Öffnungsklausel, die die Beteiligung von Frauen an der Toralesung grundsätzlich, wenn auch nur in Ausnahmefällen zulässt. Im Traktat »bMegilla« 23 a geht es um eine allgemeine rabbinische Überzeugung: »Unsere Rabbis lehrten: Alle sind dazu befähigt, zu den sieben zu gehören (nämlich zu jenen sieben, die am Shabbat zur Toralesung aufgerufen werden, M. B.), sogar Minderjährige und eine Frau, aber die Weisen sagen, dass eine Frau nicht aus der Tora lesen sollte, da das der Selbstachtung der Gemeinde widersprechen würde.«

Im Grundsatz wird nach rabbinischer Lehre der liturgische Wert der Toralesung durch die Beteiligung von Frauen und Kindern nicht geschmälert. Mehr noch: Da das Lesen der Tora die Verpflichtung, sie zu hören, voraussetzt, sind Frauen im Bereich strikter Weisung als gleich*berechtigt* anzusehen. Die auf diese grundsätzliche Gleichberechtigungsaussage folgende Einschränkung beruht dann jedoch nicht mehr auf »rechtlichen«, sondern nur noch auf sehr viel schwächeren Argumenten, solchen des Brauchtums. Toralesungen von Frauen widersprächen der »Selbstachtung der Gemeinde«. Hier geht es darum, dass der Aufruf eines Minderjährigen oder einer Frau den Verdacht wecken könnte, dass die männlichen Mitglieder der Gemeinde ihrerseits

Patriarchat und Brauchtum

nicht dazu in der Lage wären, aus der Tora zu lesen. Das orthodoxe rabbinische Judentum diskriminiert Frauen im öffentlich-synagogalen Vollzug liturgischer Aufgaben, tut das aber doch so, dass es sich dabei bewusst auf Sitten und Gebräuche beruft, die *nicht* Tora, also nicht vom Sinai, nicht von Moses – nicht von Gott sind. Damit hat es den egalitären Grundzug der jüdischen Religion auch im Bereich der Liturgie unterstrichen und offen die Verantwortung für die patriarchalische Lesart des Gottesdienstes übernommen.

Die Erzmütter der Bibel

Wechselt man die Blickrichtung und sucht gegen die patriarchale Tradition der jüdischen Orthodoxie nach Frauen und Lebensvollzügen von Frauen auch und gerade in der Herausbildung dieser Tradition, so erschließt sich ein erstaunlicher Reichtum. Schon die Bibel hebt die Erzmütter Sara, Rebekka, Rachel und Lea hervor, Frauen, ohne die die Heils- und Erwählungsgeschichte Israels ihren Fortgang nicht hätte nehmen können. Die hervorgehobene Rolle, die das Buch Genesis der von Abraham verstoßenen Ägypterin Hagar zuschreibt, unterstreicht zudem, dass die biblischen Schriften gerade nicht einen blinden Ausschließlichkeitsglauben verkünden, sondern – im Gegenteil – das Schicksal zumal jener, die nicht direkt in den Bund einbezogen sind, einfühlsam und differenziert schildern.

Moses und die Frauen

Nicht einmal der Befreier Israels aus Ägypten, Moses, wäre gemäß der biblischen Schriften zu dem geworden, der er war: Ohne die Sorge seiner Hebammen Schifra und Pua, ohne seine Mutter Jochebed, ohne seine Schwester, die Prophetin Miriam, ohne Bitja, die Tochter Pharaos, die das ausgesetzte Kind zu sich nahm, und ohne die Midianiterin Zippora, seine spätere Frau, wäre es Moses weder gelungen zu überleben noch jene Wirkungsmacht zu erlangen, die schließlich zum Empfang der Tora, ihrer Verkündung und Durchsetzung unter den Israeliten geführt hätte.

Die Prophetin Hulda

Zu erwähnen sind zudem die bedeutenden Frauen der Richterzeit, Debora und Jael, das Gespann der Moabiterin Rut und ihrer Schwiegermutter Naomi sowie vor allem die Prophetin Hulda, die bei der nun bereits historisch verbürgten Gründung des Judentums als Buchreligion unter König Josija eine entscheidende Rolle spielte. Das zweite Buch der Chronik berichtet davon, dass das »Wiederauffinden« des als verschollen geltenden Bundesbuchs bei einer Renovation des Tempels König Josija, seinen Hofstaat und sein Volk so erschreckte, dass ein göttliches Orakel eingeholt werden sollte. Anstatt zum späteren Propheten des Exils, zu Jeremija zu gehen, begaben sich die königlichen Abgesandten zur Prophetin Hulda, die den Abgesandten eine Botschaft Gottes verkündete: »Sagt dem Mann, der euch gesandt hat: ›Siehe, ich will Unglück über diese Stätte und ihre Einwohner bringen, alle Worte des Buches, die der König Judas hat lesen lassen … Darum (jedoch), dass dein Herz erweicht ist über den Worten, die du gehört hast, und du dich vor Gott gedemütigt hast, da du hörtest, was ich gegen diese Stätte und ihre Einwohner gesagt habe, dass sie sollen eine Verwüstung und ein Fluch werden und du hast deine Kleider zerrissen und vor mir geweint, so habe ich es erhört.‹« (2. Kö 22, 15 f.)

Frauen im liturgischen Alltag

Tatsächlich spielten Frauen gerade in der Formation des rabbinischen Judentums eine bedeutende Rolle. Und bereits die historisch gut verbürgte, mindestens zwei Jahrhunderte früher anzusetzende hellenistische Periode zeigt, dass Frauen keineswegs nur in Einzelfällen, sondern auch im all- und festtäglichen liturgischen Leben gleichberechtigt waren. Es war in diesem Fall die Archäologie, die den Beweis dafür lieferte, genauer gesagt: die Epigraphik, das Studium von Gebäude- und Grabinschriften. So finden sich vor allem in der mediterranen Diaspora Inschriften, auf denen Frauen als »Presbyter«,

Mater synagogae

»Archisynagogos«, als »mater synagogae« oder als »Archegissa« bezeichnet werden – Inschriften, die zeitlich eine Periode vom dritten Jahrzehnt vorchristlicher Zeitrechnung bis zum 6. Jahrhundert christlicher Zeitrechnung abde-

Die talmudische Tradition geht der Gestalt der Hulda in jenem Traktat, der auch die grundsätzliche Befähigung von Frauen zur Toralesung beglaubigt, weiter nach und fragt sich, warum der Prophet Jeremija, der ein Verwandter Huldas war, vom König übergangen wurde. Erwogen wurde unter anderem, dass Hulda den wegen einer Reise abwesenden Jeremija einfach vertrat.
Die Schule Rabbi Silas erklärte freilich: »weil die Frauen mitleidig sind«. Die rabbinische Tradition kennt eine Überlieferung, wonach ein Tor in Jerusalem, das zum Tempel führte, Hulda-Tor genannt wurde.

cken und sich von Kleinasien bis nach Italien erstrecken. Bei der Beurteilung dieser Inschriften stritt die Forschung darüber, ob die den Frauennamen hinzugefügten Ehrentitel auf eine eigenständige Funktion in der Synagoge oder lediglich auf die Funktion des Ehemannes hinweisen. Weitere archäologische Untersuchungen galten den antiken Synagogen, deren Überreste für dieselbe geographische Verbreitung und denselben Zeitraum keinen Hinweis auf abgetrennte Frauenplätze geben. Die Debatte ist inzwischen entschieden: Im Vergleich mit ähnlichen Titeln, die sich für Frauen heidnischer Religionen finden und für die eine grundsätzliche geschlechtsbezogene Arbeitsteilung in der Liturgie nicht anzunehmen ist, kann mit großer Sicherheit darauf geschlossen werden, dass die Titel auch die wirkliche Funktion wiedergeben. Damit ist zumindest für die Synagoge in der Diaspora bewiesen, dass die jüdische Religion Frauen liturgisch nicht schlechter gestellt hat.

Frauen im rabbinischen Judentum

Im 3. Jahrhundert vollendete das rabbinische Judentum seine Formation zunächst in den Akademien der vormaligen Provinz Judäa und – zwei Jahrhunderte später – in Persien. Unzweifelhaft verweisen die im Talmud aufgeführten Namen auf eine überwältigende Anzahl von Männern. Gleichwohl haben sich sogar hier – ähnlich wie im Fall der Propheten – deutliche Hinweise auf weibliche Weise gehalten. Namentlich bekannt sind vor allem Imma Schalom, Berurja, Judith und Jalta. Als Lehrerin der Weisung wurde

Berurja

Berurja besonders bekannt. Anfang des 2. Jahrhunderts geboren galt sie, die mit einem der Begründer der mischnischen Tradition verheiratet war, als gelehrtes Genie: »Berurja«, so wurde von ihr erzählt, »prägte sich an einem Tag 300 Traditionen von 300 Meistern ein und brauchte mehr als drei Jahre, um sie zu studieren …« Jalta, die Tochter eines im späten 3. Jahrhundert in Babylon lebenden Gemeindeoberhaupts, wurde als streitlustige Kritikerin von Gelehrten bekannt, die Frauen aufgrund der Reinheitsvorschriften aus der Gesellschaft ausgrenzen wollten. Jalta unterbreitete den Rabbanim offen Fragen über ihre Blutungen und verwies mit gnadenloser Schärfe auf Inkonsistenzen und pragmatische Widersprüche der patriarchal ausgelegten Weisung.

Jalta

Eheliche Pflichten

Indem sich nach talmudischer Überlieferung auch eine Frau in drastischer Offenheit zu Fragen der Sexualität äußert, und diese Äußerungen nicht weiter abwertend kommentiert werden, wird indirekt festgestellt, dass Frauen die männliche Sexualität und ihre Formen sehr gut kennen. Und man darf weiter schließen, dass damit auch die Frage nach der Erfüllung weiblicher Sexualität gestellt ist. Tatsächlich verpflichtet sich gemäß rabbinischem Heiratsrecht der Ehemann, der Gattin ein Minimum an sexueller Befriedigung zu erbringen. Während die strengere schammaitische Schule ein Fernbleiben des Mannes von ehelichen Pflichten für zwei Wochen erlaubte, so schränkte die als liberaler geltende Schule Hillels diese Zeit der Enthaltsamkeit auf eine Woche ein. Über die Sache hinaus kennt die rabbinische Literatur noch weitere Zeugnisse von Frauen als ernsthafte, gleichberechtigte Argumentationspartnerinnen.

Jene Weisen und Gelehrten, die zwischen dem 2. und 6. Jahrhundert in der römischen Provinz Palästina, vormals Judäa, und in Persien das rabbinische Judentum gründeten, waren Männer, die sich deutlich und drastisch zu Fragen von Sexualität und Ehe äußerten – nach heutigen Begriffen mehr oder minder frauenfeindlich, ganz wie ihre Zeitgenossen, die Kirchenväter –, und um zweihundert Jahre versetzt die Gründer des Islam, Mohammed und die ersten Kalifen. Diese in der späten und spätesten Antike entstandenen Religionen zeichnen sich nicht nur durch ihren Monotheismus und ihre hohe moralische Sensibilität aus, sondern auch dadurch, dass sie grundsätzlich patriarchalisch, oft genug frauen-, wenn auch nicht immer sexualfeindlich waren. Hier übertrumpfte das Christentum allerdings Judentum und Islam allemal.

Sexualität und das »Weibliche«

Soweit Sexualität im rabbinischen Judentum als Problem galt, weil sie die Aufmerksamkeit des Gläubigen von Gott und der guten Sitte ablenken konnte, wurde sie mit dem »Weiblichen«, mit Leben und Lieben der Frauen, in Verbindung gesetzt. Im Judentum mit seinen Reinheitsweisungen und »Niddaregulierungen«, d. h. seiner Scheu vor jedem Blut, zumal dem menstruierender Frauen, ergab sich für die Männer ein sexualökonomisches Problem: Je länger eine Frau nach Ablauf jener vorge-

Nidda: Bezeichnung der durch die Menstruation unreinen Frau

schriebenen Woche nach den Blutungen zögerte, das rituelle Tauchbad, die Mikwe, aufzusuchen, umso länger war sie für ihren Mann unzugänglich, und umso größer wurde, modern gesprochen, sein Triebstau, der ihn von der Konzentration auf Gott ablenkte. Die Mikwe, deren Wasser sich aus einer lebendigen Quelle speisen muss, ist damit weniger ein Ort hoher Bedeutsamkeit für Frauen als für Männer.

Die Mikwe – das Reinigungsbad

Menstruation und Minhag

Das galt bis in die frühe Neuzeit. Das mittelalterliche, in Nordfrankreich geschriebene Buch »Sefer ha pardess« befasst sich über weite Strecken mit Fragen der Menstruation und wie Frauen darauf reagieren. Unter anderem wird der Minhag thematisiert, der Brauch, dass Frauen während ihrer Periode der Synagoge fernbleiben. Der Autor – er stammt aus der Schule Raschis – antwortet frauenfreundlich: »Dies – das Fernbleiben – ist ein freiwilliger Akt, und sie – die Frauen – sind zu solchem Tun keineswegs verpflichtet. Warum aber handeln sie dann so? Wenn es ist, weil sie denken, die Synagoge sei wie ein Tempel, warum gehen sie dann nach ihrem Untertauchen hinein?« Der Autor stellt klar, dass Frauen, die während der Menstruation die Synagoge meiden, das nicht tun, weil sie Synagoge und Tempel törichterweise miteinander gleichsetzen. Im Tempel nämlich waren Frauen generell von den heiligen Innenhöfen ausge-

Schlomo ben Jitzchak, genannt Raschi, 1040–1107, gründete in Troyes eine der wichtigsten Talmudhochschulen seiner Zeit und schrieb umfangreiche Kommentare zur Bibel und zum babylonischen Talmud.

schlossen – egal in welchem Zustand. Indem diese Frauen nach der Nidda wieder in die Synagoge gehen, stellen sie unter Beweis, dass sie der ungebildeten Verwechslung von Tempel und Synagoge nicht unterliegen und daher ob ihrer Rücksichtnahme – auf die Männer – umso mehr zu loben sind.

Darstellung einer Mikwe aus dem 18. Jhd.

Das Unreine als das Heilige

Die Mikwe hat die Funktion, Frauen selbst von jener Unreinheit durch das Blut zu reinigen, die nicht mit Verschmutzung gleichzusetzen ist. Das Unreine ist hier das Heilige, Blut gehört der heiligen Sphäre des Lebens ebenso an wie der Sphäre des Todes, Unreinheit ist demnach ein Zustand, in dem die von Kultur und Zivilisation überformten und gebändigten vegetativen Kräfte zum Ausbruch und zum Ausdruck kommen. Diese Sphäre ist Männern verboten, weshalb sie in besonderer Weise auf die Mikwe und darauf, dass ihre Frauen sie nutzen, angewiesen sind. Was also verängstigt und befremdet, das ist das auf sich gestellte, das alleinige Weibliche, das nicht durch Mann und Ehe gezähmt ist.

Dieser psychologische Befund kann freilich nicht darüber hinwegtäuschen, dass rabbinische Lehrer immer wieder den Versuch unternommen haben, frauenfeindliche, misogyne Deutungen zu vermeiden, um damit zu demonstrieren, dass der Kern des Judentums – nimmt man zumal das Prinzip der Matrilinearität und das »häusliche Matriarchat« hinzu – in keiner Weise den Vorwurf stützt, es handele sich beim jüdischen Glauben um eine prinzipiell frauenfeindliche, patriarchale Religion; wobei die seit langem geführte Debatte über weibliche Gottesbilder in Bibel und mystischem Schrifttum, der Kabbala, hier noch gar nicht entfaltet worden ist. Wenn es also überhaupt frauenfeindliche Züge im Judentum gibt, dann finden sie sich in der erst in der Moderne – also seit dem 18. Jahrhundert – bewusst als Reaktion auf Liberalisierungsbemühungen vorgenommenen, sich selbst nun als »orthodox« bezeichnenden Auslegung der Tradition. Die rabbinische Tradition jedenfalls war nicht mehr und nicht weniger patriarchal und misogyn als die damals entstehende Kirche – wobei dies nicht so zu lesen ist, als habe die Kirche noch an einem Übermaß jüdischen Erbes laboriert. Während das rabbinische Judentum darum gerungen hat, sich den platonischen Einflüssen auch in dieser Hinsicht zu entziehen, baut die Kirche über die platonische Theologie der Kirchenväter auf der Trennung von Leib und Seele auf. So erweist sich am Ende der Vorwurf der Frauen- und Leibfeindlichkeit als eine projektive Verschiebung von Anfragen, die eigentlich dem christlichen Glauben zu gelten hätten.

»Das Judentum ist eine Religion des Utopismus und Nationalismus«

Der Wunsch nach Heimat und weltweiter Gerechtigkeit

Das erwählte Volk

Weder die biblischen Quellen noch die rabbinische Überlieferung lassen einen Zweifel zu: Israel ist, wie es in theologischer Sprache heißt, dem Fleische nach erwählt. Anders als Konvertiten oder Proselyten gehören Kinder jüdischer Mütter auch unabhängig von ihrem Glauben oder ihrem weisungsgemäßen Tun dem jüdischen Volk an, das der Überlieferung nach als Volk von Gott aus Ägypten geführt worden ist. Die vielfältigen Konflikte zwischen Moses und verschiedenen Führern der Israeliten in der Wüste zeigen, dass sich die Israeliten dieser Erwählung keineswegs immer würdig erwiesen haben. Doch an keiner Stelle der biblischen Überlieferung findet sich ein Hinweis darauf, dass der Widerstand gegen Gottes Weisungen zur Rücknahme der Erwählung geführt hat. Im Gegenteil: Gerade indem Gott Israel für den Widerstand ge-

**»Sie sind ja Israeliten, denen die Sohnschaft gehört und die Herrlichkeit und die Bundesschließungen und die Gesetzgebung und der Gottesdienst und die Verheißungen, denen auch die Väter angehören und aus denen Christus dem Fleische nach stammt …«
Röm 9,4–5**

gen seine Weisung bestraft, bestätigt er der Bibel gemäß die besondere Stellung Israels. Das ist auch noch dem Apostel Paulus bewusst, wenn er im Römerbrief ungeachtet seiner sonstigen Kritik an den Juden, die das von Paulus verkündete Evangelium ablehnen, darauf beharrt, dass Gott seinem Volk treu bleibt.

Volk mit religiöser Herkunft

Antiken Begriffen gemäß waren »die Juden« ein Volk wie die Germanen, die Skythen oder die Ägypter – mit dem Unterschied, dass das konstitutive Merkmal dieser Ethnie ihre religiöse Herkunftsüberlieferung war; ein Umstand, der auch und gerade in den judenfeindlichen Attacken hellenistischer Autoren wahrgenommen wurde. Die Übereinstimmung von tribaler Herkunft und Religion war in der Antike keine Ausnahme, und erst die imperiale Ausdehnung sowohl der griechischen Kultur im Hellenismus als auch der römischen im Prozess der Herausbildung eines schließlich den ganzen Mittelmeerrand umfassenden Imperiums führte zu religiösem Synkretismus und dazu, dass sich die bis dahin enge Verbindung von Sprach-, Kultur- und politischer Gemeinschaft sowie Religion allmählich löste. Die einzige, über die ganze Antike bekannte Ausnahme blieben die verstreut lebenden jüdischen Gemeinschaften, unter denen auch in späterer Zeit die Verehrung anderer Gottheiten ausgeschlossen war.

»Natio« und »religio«

Die enge Verbindung zwischen dem, was heute als ethnische Zugehörigkeit bezeichnet wird, und der Religion lockerte sich im abendländischen

Europa erst in der Neuzeit. Die neuzeitliche Debatte um das Verhältnis von Glaube und der mit der Reformation ins Bewusstsein tretenden Möglichkeit, vor dem Hintergrund derselben heiligen Schriften unterschiedlichen, einander widerstreitenden Bekenntnissen angehören zu können, führte zum Auseinandertreten von Glauben und ethnischer Zugehörigkeit – der »natio«. Glaube wandelte sich im modernen Nationalstaat vom öffentlich verbindlichen Brauch zum individuellen, frei wählbaren Bekenntnis, zur »Konfession«. Die vormals öffentliche Macht des Glaubens wurde damit zur Privatangelegenheit.

Glaubensgemeinschaft im Nationalstaat

Die Juden Westeuropas folgten diesem mit der Französischen Revolution erstmals auch politisch beglaubigten Trend selbst dort, wo sie sich den liberalen Umformungen des jüdischen Glaubens nicht anschließen mochten. Die konstitutionellen Monarchien oder Demokratien Westeuropas, die allmählich die staatsbürgerliche Gleichberechtigung der Juden durchsetzten, erklärten sie damit formell zu einer reinen Glaubensgemeinschaft im jeweiligen Nationalstaat, was zwar von den meisten Juden dankbar und beinahe übereifrig angenommen, vom modernen Antisemitismus jedoch bald folgenreich angegriffen wurde. In Ost- und Mitteleuropa hingegen, vor allem im Herrschaftsbereich des zaristischen Russlands, aber auch in den Donaufürstentümern Rumäniens, blieb das mittelalterliche Konzept einer Übereinstimmung von Ethnie und Religion weitgehend erhalten. Indem sich das modernisierte Zarentum darüber hinaus zur Abwehr revolutionärer und auch re-

Ethnie und Religion im Osten

formistischer Bestrebungen einer bewusst eingesetzten antisemitischen Propaganda bediente und den jüdischen Untertanen des Zaren eine Fülle mal strenger, mal lockerer gehandhabter beruflicher Zugangs- und geographischer Mobilitätssperren auferlegte, war die Existenz der Juden im Zarenreich anders als in Westeuropa vor allem ethnisch grundiert.

Antisemitismus und Darwinismus

Das konfessionell-nationalstaatliche Selbstverständnis der Juden Westeuropas hier wie die kollektiv-ethnische Identität der Juden des Zarenreiches dort hinderte den modernen Antisemitismus nicht daran, die Juden immer wieder als Feind in den Blick zu nehmen. Dabei überschneiden sich traditioneller christlicher Antijudaismus und eine unwissenschaftlich-weltanschauliche Übernahme aufklärerischer Perspektiven. Weniger mit Bezug auf Darwin als auf den (Sozial-)Darwinismus wird die Menschheit als biologische Gattung verstanden, die in im Kampf ums Dasein miteinander konkurrierende Rassen zerfällt. In dieser Ideologie werden die Juden als jene Rasse identifiziert, deren Existenzweise und Glaubensüberzeugungen Leben und Zukunft der anderen in besonderer Weise bedrohen.

Die »Argumente« des Antijudaismus

Ohne auf besondere Trennschärfe bedacht zu sein, bediente sich der moderne Antisemitismus dabei der »Argumente« des traditionellen Antijudaismus: Die Juden seien Gottesmörder, Heilsverhinderer und Kinder des Satans.

Juden reagierten auf die unterschiedlichen Formen des Antijudaismus und Antisemitismus, des vor allem gesellschaftlichen Antisemitismus im Westen und der offen ethnischen Diskriminierung im Osten, mit unterschiedlichen politischen Strategien nationalstaatlicher oder sozialistischer Art, was aber den Antisemitismus nicht etwa dämpfte, sondern weiter anstachelte. Indem der Zionismus – der nationalstaatliche Ausweg aus gesellschaftlicher Diskriminierung und offen politischer Repression – sich zum Judentum als einem »Volk« und einer politischen Körperschaft bekannte, wurde er – bis heute – zum Inbegriff eines extremen, intoleranten und aggressiven Nationalismus, während die andere Reaktionsweise auf den Judenhass, das Streben nach einer Gesellschaft, in der die Ursachen von Rassenhass und Diskriminierung durch umfassende soziale Gerechtigkeit und Freiheitsgarantien wegfallen sollten, als jüdischer Versuch, die traditionelle Ordnung zu zersetzen, verstanden wurde.

Zionismus und Zersetzung

Moderner Antisemitismus

Der moderne Antisemitismus sieht in den Juden dreierlei: Zersetzer einer guten traditionellen Ordnung durch ungezügelten Geldverkehr, sexuelle Libertinage und nihilistischen Geist (Juden als Liberale und »Plutokraten«); aggressive Feinde anderer Völker (Juden als »Zionisten«); bluttriefende, machthungrige Revolutionäre, die den Völkern von innen her die Luft zum Atmen nehmen (Juden als »Bolschewisten«). Sich mit einem auf derlei Vorwürfen beruhenden Judenhass kritisch auseinanderzusetzen, bereitet große Schwierigkeiten, da sich für jeden Vorwurf vermeintliche Belege finden lassen. Indem der moderne Antisemitismus von Handlungen auf

Herkunft und von politischer oder sozialer Gesinnung auf Rasse schließt und beides verallgemeinert, begeht er zwar einen Trugschluss, im krisengeschüttelten Europa der ersten Hälfte des 20. Jahrhunderts konnte er jedoch mit massenhaftem Zuspruch rechnen. Denn mit Industrialisierung, Durchsetzung der kapitalistischen Wirtschaft, mit Urbanisierung und allmählicher Auflösung traditioneller Lebensformen war der christliche Antijudaismus keineswegs verschwunden, im Gegenteil. Im Bündnis mit Versatzstücken der Aufklärung zu einer wissenschaftlichen Weltanschauung verschmolzen, wurde er zu einer einflussreichen und verderblichen politischen Größe, die in allen politischen Lagern – von links bis rechts – ihren Ort fand.

Karl Marx und das Geld als »Gott Israels«

Juden als Kapitalisten, Libertinisten und Revolutionäre: Die Literatur vom 19. bis weit ins 20. Jahrhundert ist auch bei ernsthaften Autoren reich an derartigen Überzeugungen, etwa im Fall des selbst als Jude geborenen Karl Marx, der 1843 »Zur Judenfrage« schrieb: »Das Geld ist der eifrige Gott Israels, vor welchem kein anderer Gott bestehen darf. Das Geld erniedrigt alle Götter des Menschen und verwandelt sie in eine Ware ... Das Geld ist das dem Menschen entfremdete Wesen seiner Arbeit und seines Daseins, und dies fremde Wesen beherrscht ihn, und er betet es an.« Sogar wenn man in Rechnung stellt, dass Marx sich hier einer biblischen Form der

Karl Marx

Kritik bedient (der Kritik an Israels Kult des Goldenen Kalbs), bleibt ihm vorzuwerfen, dass er jüdische Existenz im modernen Europa umstandslos der Sphäre des verachteten und kritisierten Geldverkehrs zurechnet und umgekehrt Geldverkehr und jüdische Existenz miteinander gleichsetzt. Das traf schon für die deutschen Länder Mitte des 19. Jahrhunderts nicht zu.

Eine neue »Geschichte des jüdischen Alltags in Deutschland« resümiert: »Bis etwa 1840 hatten die meisten Juden in Deutschland schwer zu kämpfen, um gerade das Nötigste zum Leben zu verdienen, meist indem sie als Hausierer und Kleinhändler übers Land zogen. Manche versuchten ihr Los dadurch zu verbessern, dass sie ein Handwerk erlernten, und eine wachsende Minderheit eröffnete Einzelhandelsgeschäfte, in denen eine Vielzahl von Waren verkauft wurde ... In der Zeit zwischen 1840 und 1870 ... änderte sich die Lage der Juden besonders schnell. Auch wenn es hie und da noch Gebiete mit großer Armut gab, stiegen die meisten deutschen Juden in den Bürgerstand auf. Immer mehr ergriffen angesichts der vermehrten Geschäftsmöglichkeiten in den Städten die Gelegenheit beim Schopf und zogen dorthin, während andere mit modernen Geschäftsmethoden im Einzel- und Großhandel sowie in der Leichtindustrie erfolgreiche Unternehmen aufbauten.«

Karl Marx' antisemitische Äußerungen erweisen sich als eine Kritik der mit Emanzipation, Urbanisierung und Kapitalisierung einhergehenden

Modernisierung der ständischen Gesellschaft, mit Deutungsmustern vollzogen, die dem traditionellen, christlichen Antijudaismus entnommen waren. Dabei kann als unbestritten gelten, dass in Westeuropa – anders als im Zarenreich – Juden kaum dem Proletariat und der Bauernschaft angehörten, sondern ihr Dasein im Bereich von Handel und Handwerk sowie zunehmend der freien Berufe und auch des Bankenwesens fristeten. Aus diesem sozialstatistischen Befund jedoch eine Aussage über das jüdische Wesen des Geldverkehrs bzw. das schließlich vom Geld geprägte Wesen des Judentums zu machen, dies verfälscht nicht nur die reale Lage, sondern begeht den Fehler, durch unterschiedlichste soziale Zwänge und gesellschaftliche Entwicklungen entstandene Konstellationen zu einem hinter den Verhältnissen liegenden »Wesenskern« zu verdichten.

Juden als Avantgarde der Libertinage

Die Aggression gegen Juden als Avantgarde einer zügel- und sittenlosen Libertinage, einer Zersetzung traditionell sittlicher Verhältnisse speiste sich aus bereits in der Antike – etwa bei Tacitus – artikulierten Fehldeutungen der Penisbeschneidung und aus der Abwehr einer modernen, nicht mehr vom Wesen des Menschen, sondern von seinen biographisch entstandenen Charakterzügen ausgehenden Tiefenpsychologie. Am klarsten wurden diese Vorbehalte von einem abtrünnigen Schüler Sigmund Freuds, dem Schweizer Psychiater C. G. Jung geäußert. 1934 hielt Jung seinem ehemaligen Lehrer im »Zentralblatt für Psychotherapie« vor, jüdische Kategorien unbese-

C. G. Jung und die germanische Seele

hen auf den christlichen Germanen und Slawen angewandt zu haben. Damit habe die Freud'sche Psychoanalyse »das kostbarste Geheimnis des germanischen Menschen, seinen schöpferisch-ahnungsvollen Seelengrund, als kindlich banalen Sumpf erklärt«. »Hat sie«, so fragt Jung, »die gewaltige Erscheinung des Nationalsozialismus … eines Besseren belehrt?« Diese Erscheinung des Nationalsozialismus »lag verborgen in der germanischen Seele, in jenem tiefen Grunde, der alles andere ist als der Kehrichtkübel unerfüllbarer Kinderwünsche und unerledigter Familienressentiments«.

Juden als Ursprung von Zersetzung und Verfall

Jung wiederholt damit den von vielen heidnischen Autoren bereits in der Antike erhobenen Vorwurf der Gottlosigkeit. Freilich wird hier nicht die Respektlosigkeit gegenüber einem polytheistischen Götterkosmos beklagt, sondern eine angeblich bis zur Verachtung reichende Respektlosigkeit gegenüber einer als göttlich angesehenen Seele, die zwar eine auch sexuelle Entwicklung durchläuft, jedoch vor allem eine höhere, religiöse Bedeutung aufweist. In Jungs antisemitischem Protest gegen Freud und dessen Psychoanalyse fließen das Aufbegehren wider die analytischen, »zergliedernden« und somit als »zersetzend« beurteilten modernen Humanwissenschaften mit dem uralten christlichen Vorwurf grobsinnlicher jüdischer Geisteshaltung zusammen. In beiden Beispielen, bei Marx und bei Jung, artikuliert sich eine Angst vor Zersetzung und Verfall, dort durch den Geldverkehr, hier durch die moderne Humanwissenschaft.

Zersetzung durch Aufruhr

Die Furcht vor Zersetzung durch Libertinage wurde nur noch durch die Furcht vor Zersetzung durch Revolution und Aufruhr bzw. Kriegshetze übertroffen. Der Umstand, dass sich im Zarenreich jüdische Intellektuelle aufgrund der repressiven Lebensbedingungen in überproportionaler Häufigkeit sozialistischen, sozialdemokratischen und kommunistischen Bewegungen anschlossen, ohne dass deshalb diese Bewegungen mehrheitlich von Juden dominiert wurden, gereichte den Wortführern der antisemitischen Bewegung schon früh zum Vorwurf, das Judentum als revolutionäre, an und für sich zerstörerische Religion anzuklagen. Derlei Einstellungen waren auch der katholischen Kirche alles andere als fremd. 1837 etwa hatte die Jesuitenzeitschrift »Civiltà Cattolica« in Verteidigung des Antisemitismus geschrieben, »dass die Juden auf Grund ihres Herrschaftsgeistes und ihrer revolutionären Übermacht ein störendes Element sind. Das Judentum ist … ein Fremdkörper, ein Entzündungsherd, der Reaktionen jenes Organismus hervorruft, den er befallen hat.« Und sogar die von Pius XII. verfasste, offiziell gegen den rassistischen Antisemitismus gerichtete Enzyklika »In brennender Sorge« warnte vor spirituellen Gefahren, die der Kontakt mit Juden auslösen könne.

Die Rolle der katholischen Kirche

Kommunismus und Judentum

Freilich handelt es sich bei alledem nicht nur um Vergangenheit. Wurde die Sowjetunion im Kalten Krieg zwar nicht als »jüdisch« dargestellt, verwies die »geistige Auseinandersetzung« mit dem Marxismus doch immer wieder auf den Umstand, dass Marx selbst Jude gewesen ist und in seinem Werk der revolutionäre Geist des alttestamentlichen Prophetismus nachwirke. Dieses Motiv prägte auch immer wieder die politische Debatte in der Bundesrepublik Deutschland. Dem inzwischen rechtskräftig aus der CDU ausgeschlossenen ehemaligen Bundestagsabgeordneten Martin Hohmann wurde die am 3. Oktober 2003 geäußerte Behauptung zum Verhängnis, dass, wenn die Deutschen zur NS-Zeit als »Tätervolk« bezeichnet werden dürften, dies dann auch für die im russischen Reich lebenden Juden zur Zeit der Revolution gelten müsse. Als Beleg für seine wohlgemerkt stets hypothetisch ausgesprochene Behauptung verwies Hohmann auf die überdurchschnittlich hohe Anzahl von Juden unter führenden Bolschewiki der Revolutionszeit. Zwar waren weder alle Bolschewiki Juden noch alle Juden Bolschewiki, gleichwohl fanden sich in den führenden Positionen des Partei- und auch des Repressionsapparats der Bolschewiki deutlich mehr Juden, als von einer repräsentativen Stichprobe zu erwarten gewesen wäre, übertroffen nur noch von der »Überrepräsentanz« von Litauern.

Dienstleistungsnomadentum

Nun ist der Umstand, dass Juden seit der Emanzipation in Deutschland, vor allem aber auch in Ostmitteleuropa in einer ganzen Reihe »moderner« Berufsgruppen stärker vertreten waren als es ihrem Bevölkerungsanteil entsprach, seit langem bekannt. Der aus Russland stammende, in Kalifornien lehrende Historiker Y. Slezkine hat gezeigt, wie man sich dem Phänomen einer relativen überproportionalen Beteiligung jüdischer

Intellektueller an revolutionären Bewegungen in rationaler Weise nähern kann. Mit der ethnologischen Theorie eines in agrarisch-traditionellen Gesellschaften funktional unverzichtbaren Dienstleistungsnomadentums, das sich durch hohe Mobilität ebenso auszeichnet wie durch eine besondere Hinwendung zu ansonsten tabuierten Themen vor allem aus der Sphäre von Sexualität und Handel, gewinnt man einen Vergleichsmaßstab, anhand dessen die besondere Rolle der Juden in Polen und Russland am Vorabend der Modernisierung mit der Rolle und Funktion etwa der Inder in Ostafrika oder der Han-Chinesen in Südostasien verglichen werden kann. In allen Fällen spielt das Dienstleistungsnomadentum bei der Durchsetzung des Geldverkehrs eine besondere Rolle. Fernhandel und Kredit werden durch die engen verwandtschaftlichen Beziehungen der Dienstleistungsnomaden auch über größere geographische Distanzen hinweg ermöglicht.

Im Unterschied zu anderen Dienstleistungsnomaden zeichnet sich die Kultur der Juden durch eine religiös hoch besetzte Schriftkultur aus, die durch einen deutlichen Überschuss moralisch-universalistischer Gehalte gekennzeichnet ist. Ähnlich den Indern in Ostafrika oder den Han-Chinesen in Südostasien war die Lage der Juden im spätfeudalen Russland prekär. Traditioneller christlicher Antijudaismus und zur politischen Ideologie mobilisierter Antisemitismus trugen mit politisch dekretierten Mobilitäts- und Berufseinschränkungen Ende des 19. Jahrhunderts zu einer Situation bei, die vor allem die wirtschaftliche Grundlage im sogenannten Ansiedlungsrayon immer unsicherer werden ließ. Während die Juden wie Tataren, Mordwinen, Tschetschenen und Litauer im Zarenreich durchaus als »Völkerschaft«, als »Ethnie« galten, war ihnen im Unterschied zu den anderen »Ethnien« ein eigenes Siedlungsgebiet vorenthalten. Das politisch gewollte Ansiedlungsrayon beschränkte ihre Mobilität, ohne indes flächendeckende ethnische Homogenität zu garantieren. Die ethnisch mehr oder minder homogenen »Shtetl« stellten eine vor allem in den Augen der Jüngeren stagnierende Lebensform dar, die es in zwiefacher Hinsicht zu verlassen galt: geographisch durch Migration in andere Kontinente, Länder oder in die großen Städte; sozial durch ein entschlossenes Überschreiten des traditionellen Partikularismus.

Diese Überschreitung des partikularistischen Horizonts junger russischer Jüdinnen und Juden ereignet sich im Zuge einer Modernisierungskrise, während derer mindestens zwei Revolutionen stattfanden, die einander rückkoppelnd verstärkten: zum einen eine antiautoritäre, antipatriarchalische Revolution innerhalb der Lebenswelten traditionaler jüdischer Familien, zum anderen jene soziale und schließlich politische Revolution, die in den Jahren 1905 bis 1917 das gesamte Zarenreich erschütterte und schließlich hinwegfegte. Die antiautoritäre, antipatriarchalische Revolution ließ mehrere Ausgänge offen: Die Abkehr vom elterlichen Traditionalismus konnte in individuelles

Aufstiegsstreben ebenso münden wie in den Wunsch nach Teilhabe an der russischen Kulturnation, in Zionismus wie in den unideologischen Wunsch nach Emigration, in eine Form des jüdischen Sozialismus (»Bundismus«) ebenso wie in ein Engagement in einer der vielen antizaristischen Parteien der Linken: von den Volksfreunden über die Menschewiki bis eben hin zu den Bolschewiki.

Die Attraktion der Bolschewiki

Die besondere Attraktion der Bolschewiki für die erste Generation urbanisierter russischer Juden erklärt sich vor allem durch das Fehlen eines ethnisch-nationalen Territoriums, ein Umstand, der die russischen Juden in besonderer Weise dazu disponierte, sich als Bürger des gesamten, nun sozialistisch umzugestaltenden Reiches zu empfinden, als berufene Vertreter einer vorher und nachher so nie existierenden »Sowjetnationalität«. Diese besondere Eigenschaft ließ umgekehrt die Juden auch in den Augen der nichtjüdischen Bolschewiki als Person und Kulturentwurf attraktiv werden: Gerade unter den Bolschewiki des frühen 20. Jahrhunderts war die Rate von Ehen zwischen Juden und Nichtjuden besonders hoch. Eine soziologische Analyse dieser Art ist deshalb von Bedeutung, weil sie zeigt, wie eine nüchterne Auseinandersetzung mit Verhaltensweisen oder Haltungen einzelner Juden oder jüdischer Gruppen möglich ist, ohne dem Trugschluss zu erliegen, etwas über das Wesen des Judentums ausgemacht zu haben.

Die Religion der Sehnsucht

Das gesellschaftsverändernde Engagement, sei es nun sozialistisch, liberal oder national motiviert, habe – so das Stereotyp – die Juden nicht glücklich gemacht. Und liegt die Wurzel dieses kollektiven Unglücks, das sich heute besonders deutlich an den Schwierigkeiten des Staates Israel zeigt, nicht vielleicht doch in einer Wesenseigenschaft wenigstens der jüdischen Religion als einem Glauben, der ganz Verheißung ist, aber keine Erfüllung kennt? Das Judentum also als »die Religion der Sehnsucht«, deren Anhänger einen ständigen Unruhefaktor darstellen, der gerade in politischer Hinsicht weder die Gesellschaften in ihrem Inneren noch die gesamte Weltgemeinschaft zur Ruhe kommen lässt? Und beweist nicht die Rolle, die der Staat Israel im Nahen Osten und die die amerikanischen Juden in den USA spielen, dass die konstitutive Unerfülltheit dieser Religion eine Sehnsucht, eine Unruhe politisch eine Gestalt annehmen lässt, die das Finden vernünftiger Kompromisse ebenso verhindert wie jene Formen der Resignation, die letztlich dem Frieden dienen?

Carl Schmitt und die Religion der Wartenden

Als Religion der Sehnsucht und der ewigen Verheißung scheint dem Judentum der Blick auf die Gegenwart verwehrt, gerade so, wie es die Skulptur der »Synagoga« mit ihrem gebrochenen Stab und ihrer Augenbinde vom Nordportal des Straßburger Münsters zeigt: besiegt, aber blind – und dennoch weiter existierend, eine unerfüllte, ahasverische Existenz. Es war der bedeutende, den Nationalsozialisten und ihren Verbrechen zuarbeitende deutsche Staatsrechtler Carl Schmitt, ein in der Wolle gefärbter Antisemit, der in seinen Gefängnistagebüchern aus der Zeit der Nürnberger Prozesse diesen Vorwurf noch einmal systematisch artikuliert hat.

»Die Religion der Wartenden: auf den noch nicht gekommenen Messias, auf den gekommenen, aber doch noch einmal wiederkommenden Messias, auf den Tröster und den Heiligen Geist, auf die klassenlose Gesellschaft und das ewige Reich. Die Trinität als Ausdruck dieses Wartens. Was Bruno Bauer die Verjudung nennt, ist die Etablierung des Wartezustandes, der für unabsehbare Dauer eingerichtete, immer komfortabler werdende Wartesaal …«

Schmitt stellt hier dem Judentum und dem Christentum gleichermaßen eine ebenso hellsichtige wie böswillige Diagnose: sich mit dem Bestehenden nicht abfinden zu wollen und mindestens Gott um eine bessere Zukunft zu bitten, das ist die Wurzel allen Übels. An Carl Schmitts Diagnose der »Wartesaalreligion« zeigt sich der Kern aller antisemitischen und antijudaistischen Vorurteile: Das Judentum ist ihnen Inbegriff des Willens zu einer Änderung zum Besseren – dem christlichen Antijudaismus scheint über Jahrhunderte entgangen zu sein, dass er mit der Übernahme dieser oder ähnlicher Vorurteile vor allem sich selbst trifft. In diesem Sinn hätte Schmitt nicht nur die zentralen Sätze des synagogalen Schlussgebets, des Alejnugebets, zurückweisen müssen – entfaltet es doch die Kernsätze des Gebets, das der charismatische, jüdische Wanderprediger Jesus von Nazareth zu beten gelehrt hat und in dem es heißt: »Dein Reich komme, Dein Wille geschehe … denn Dein ist das Reich, und die Kraft und die Herrlichkeit.«

Anhang

Chronologie

Zerstörung des Nordreiches Israel durch die Assyrer; Wirken von Hosea, Amos und Micha	721 v. d. Z.
Auffindung der Gesetzestafeln durch Josija in Jerusalem	622 v. d. Z
Eroberung Jerusalems und Zerstörung des Tempels durch die Babylonier, Deportation der judäischen Oberschicht nach Babylon; Wirken Jeremias	587 v. d. Z.
Rückkehr aus dem Exil, Beginn des Baus des zweiten Tempels	537 v. d. Z.
Esra verkündet die Tora	398 v. d. Z.
Alexander der Große erobert das Persische Reich und Judäa	332 v. d. Z.
griechische Bibelübersetzung »Septuaginta« in Alexandrien	250 v. d. Z.
Makkabäerkriege	175 v. d. Z.
Rom erobert Juda und verleibt es als Provinz Judäa seinem Reich ein	63 v. d. Z.
Kreuzigung Jesu durch die Römer	30
Bekehrungsvision von Paulus, Paulinische Briefe	39
Beginn des jüdischen Aufstandes, Schriftgelehrte, Pharisäer und Jesusanhänger verlassen Jerusalem	66
Zerstörung Jerusalems und des zweiten Tempels durch die Römer	70
Jochanan ben Zakkai eröffnet die Akademie von Jamnia und begründet damit das rabbinische Judentum. Die Akademie erhält sich bis zum Jahr 132.	73–132
Aufstand der jüdischen Diaspora gegen Kaiser Trajan	115–117
vermutliche Niederschrift der Evangelien	Um 120
Niederschrift der Mischna	Um 120

132 zweiter Jüdischer Aufstand unter der Führung von Simon Bar Kochba und Rabbi Akiba

134 Jerusalem wird erobert, zerstört und in »Aelia Capitolina« umbenannt, die vorher »Judäa« genannte Provinz erhält jetzt den Namen »Palästina«.

193–235 Regierung von Rabbi Jehuda HaNassi – unter ihm wird die Mischna abgeschlossen.

312 Das Christentum wird unter Konstantin Staatsreligion.

315 antijüdische Edikte Konstantins

360 Endredaktion des »Jerusalemer Talmuds« in Tiberias

425 Das Oströmische Reich schafft das jüdische Patriarchat in Galiläa ab.

499 Der babylonische Talmud wird in den Akademien von Sura und Pumbadita durch Rabbi Jose abgeschlossen.

1012 Vertreibung der Juden aus Mainz

1096 Kreuzritter massakrieren die Juden des Rheinlands. Erster Kreuzzug

1242 In Paris wird der Talmund verbrannt.

1665 Sabbati Zwi lässt sich öffentlich zum Messias ausrufen.

1783 Moses Mendelssohn publiziert seine Schrift »Jerusalem«.

1791 volle Gleichberechtigung für die französischen Juden

1818 Hamburger Reformtempel eingeweiht

1862 Moses Hess publiziert »Rom und Jerusalem«.

1896 Theodor Herzl publiziert den »Judenstaat«.

1897 Erster Zionistischer Kongress in Basel

1904 erste Siedlungsbewegung russisch-jüdischer Intellektueller in der osmanischen Provinz Palästina

1917 Palästina wird britisches Mandat.

1947 UN-Generalversammlung beschließt Teilung des Mandatsgebiets.

1948 Gründung des Staates Israel

Glossar

Amoräer; Angehöriger der zweiten, von Beginn des 2. Jahrhunderts n. Chr. bis zur Endredaktion des babylonischen Talmuds im 5. Jahrhundert wirkender Interpreten der Mischna

Aramäer; Angehörige einer in der Bibel erwähnten nordwestsemitischen Gruppe, die »Aramäisch«, eine dem Hebräischen eng verwandte Sprache sprachen

Archegissa; (griech.) Stifterin

Archisynagogos; (griech.) Synagogenvorstand

Bar Kochba; (hebr.) »Sohn des Sterns«, judäischer Freiheitskämpfer gegen die Römer, der von seinen Anhängern für den Messias gehalten wurde und nach der von ihm angeführten Revolte in den Jahren 132–135 n. Chr. von den Römern besiegt wurde.

Bracha; (hebr.) Segensspruch

Diaspora; (griech.) Zerstreuung, jüdische Lebensformen außerhalb des Landes Israel

Ebionit; Judenchristen

Entolai; (griech.) Auftrag, Befehl, Vorschrift

Eschatologie; Lehre von den letzten Dingen

Essener; zwischen dem 1. und 2. Jahrhundert am Toten Meer wirkende, asketische jüdische Sekte mit einem dualistischen Weltbild

Gnostiker; in der späten Antike wirkende Gruppen mit einem dualistischen Weltbild, das die biblische Schöpfung als schlecht zurückwies und das Heil in intellektueller Gotteserkenntnis suchte

Haftara; (hebr.) synagogale Lesung (meist) aus den Propheten als Ergänzung und Erläuterung des Wochenabschnitts aus der Tora

Haggada; (hebr.) Erzählung, erzählende Episoden des Talmud, abkürzend für die häusliche Liturgie des Passahfestes

Halacha; (hebr.) Weisung für ein tägliches Leben gemäß von Tora, Mischna und rabbinischer Auslegung; genau übersetzt entspricht »Halacha« der griechischen »Methode«, also »Gangart«

Häresie; Abweichung von einer herrschenden religiösen Lehrmeinung

Haskala; (hebr.) Bezeichnung für die innerjüdische Aufklärung seit dem 18. Jahrhundert

Hellenismus; von Syrien und Ägypten bis nach Indien reichende griechischsprachige Kultur unter den Nachfolgern Alexanders des Großen

Hillelit; Angehöriger der in der Auslegung der Weisung liberalen Schule des talmudischen Lehrers Rabbi Hillel

Jeronit; Einwohnerin des biblischen Jericho

Kabbala; die im hohen Mittelalter und der frühen Neuzeit entstandene jüdische Mystik

Makkabäer; im 2. Jahrhundert v.Chr. auftretendes Geschlecht von jüdischen Freiheitskämpfern gegen den Hellenismus, das nach dem Sieg zu einem Herrschergeschlecht wurde

Mater synagogae; (griech.) »Mutter der Synagoge«, Ehrentitel im hellenistischen Judentum

Matrilinearität; Abstammungsregelung vonseiten der Mütter

Messianismus; politisierter Glaube an den Einbruch messianischer, endzeitlich erlösender Zeiten

Mesusa; (hebr.) Rolle, in der Bibel vorgeschriebenes Schriftstück, das das jüdische Glaubensbekenntnis enthält und von außen sichtbar an die Tür jedes jüdischen Heims angebracht werden soll

Midianiter; Angehöriger eines schon in der Bibel erwähnten, im Gebiet von Midian, in der Sinaiwüste lebenden Stammes, bei dem Moses Zuflucht, seine Frau und seinen Schwiegervater fand

Mikwe; rituelles Tauchbad, das aus fließendem Grundwasser gespeist wird

Minäer; latinisierte Form des hebräischen »Minim«. Unter »Minim« (die Arten) versteht das rabbinische Judentum jüdische Häretiker, wahrscheinlich Gnostiker, aber auch Jesusanhänger

Minhag; (hebr.) lokaler religiöser Brauch

Minim; siehe »Minäer«

Minjan; für das Sprechen bestimmter synagogaler Gebete notwendige Mindestzahl von zehn erwachsenen Menschen (Männern)

Mischna; der zu Beginn des 2. Jahrhunderts n. Chr. schriftlich niedergelegte, bis dahin nur mündlich überlieferte Teil von Gottes Offenbarung am Sinai

Mitzvot; (hebr.) Plural von Mitzva, eine der Weisung entsprechende Tat

Nefesch; (hebr.) Seele

Neoorthodoxie; im 19. Jahrhundert vor allem in den deutschen Ländern entstandene Form des orthodoxen jüdischen Glaubens, der strikte Befolgung der Halacha mit einem bürgerlich kultivierten Lebensstil verband

Nidda; (hebr./aram.) »menstruierend«; gleichnamiger talmudischer Traktat, der das Sexualleben von Frauen vor und nach ihrer Monatsblutung regelt

Noachidische Weisungen; nach talmudischer Lehre Gottes für alle Abkömmlinge Noahs, d. h. der nach biblischem Glauben historischen Menschheit verbindliche Regeln: Verbot des Götzendienstes, der Gotteslästerung, des Blutvergießens, sexueller Überschreitungen, des Diebstahls, des Essens von lebenden Tieren, des Auflösens einer geltenden rechtlichen Ordnung **(Nomos)**.

Nozrim; (griech.) Gesetz

Orthodoxie; (hebr.) Plural: Nazarener, d. h. Christen jene Strömung des Judentums, die ihr Leben nach den Prinzipien des Talmuds und seiner jahrhundertealten Auslegung gestaltet

Pharisäer; Angehörige einer zur Zeit Jesu bestehenden jüdischen Gruppierung, die das Wesen des Judentums nicht im Tempel- und Opferdienst, sondern im Führen eines gottgefälligen Alltagslebens sahen

Postzionismus; intellektuelle Strömung unter gegenwärtigen israelischen Historikern

Presbyter; (griech.) »Ältester«, Amt in den entstehenden christlichen Gemeinden

Proselyt; Mensch, der den Glauben gewechselt hat

Rabbi; Anrede für einen »Raw«, d. h. einen gelehrten Ausleger der Tora

Reformjudentum; im 19. Jahrhundert in den deutschen Ländern entstandene liturgische Reformbewegung, die den Gottesdienst verkürzte, das Orgelspiel und die deutsche Sprache einführte sowie aus den gebeten die Rückkehrwünsche nach Zion strich

Saduzzäer; Angehöriger der priesterlichen Kaste zur Zeit Jesu

Schammait; Angehöriger der in der Auslegung der Weisung strengen Schule des talmudischen Lehrers Rabbi Schammais

Shoa; (hebr.) Katastrophe, in Israel gebräuchlicher Ausdruck für die Massenvernichtung der europäischen Juden durch das nationalsozialistische Deutschland

Shtetl; (jiddisch) Kleinstadt

Talmud; die in der römischen Provinz »Palästina« (bis zu Bar Kochba »Judäa«) sowie im persischen Baylon entstandenen, umfangreichen Kommentarwerke zur Mischna

Tannait; Angehöriger der ersten, bis zum 2. Jahrhundert wirkender Ausleger der Mischna

Tetragramm; (griech.) Bezeichnung für den aus vier Konsonanten bestehenden biblischen Gottesnamen, der Juden auszusprechen untersagt ist

Tora; 1. die fünf Bücher Mose, aber vor allem 2. die Summe der von Gott Israel offenbarten Weisungen

Tossafist; (hebr.) »Anfüger«, Autor einer »Tossefta«, d. i. eines zusätzlichen Talmudkommentars

Ultraorthodoxie; Verschiedene Spielarten der Orthodoxie im 20. Jahrhundert, bei denen die genaue Befolgung der Weisung im Vordergrund steht

Zelot; (griech.) »Eiferer«. Angehöriger radikaler, auf Krieg und Kampf gegen die Römer setzender judäischer Widerstandsgruppen zur Zeit Jesu

Zion; biblischer Name für dem zentralen Berg in Jerusalem, zugleich Inbegriff für das dem Volk Israel, den Juden verheißene Land

Zionismus; im 19. Jahrhundert entstandene Bewegung zur nationalstaatlichen Lösung der vom europäischen Antisemitismus provozierten »Judenfrage« auf Teilen des Territoriums des biblischen Landes Israel

Ausgewählte Literatur

S. Ben-Chorin, Paulus. Der Völkerapostel in jüdischer Sicht, München 1970

H. Berding, Moderner Antisemitismus in Deutschland, Frankfurt a. M. 1988

M. Clauss, Geschichte Israels. Von der Frühzeit bis zur Zerstörung Jerusalems, München 1986

M. Crüsemann, Die Tora. Theologie und Sozialgeschichte des alttestamentlichen Gesetzes, München 1992

D. Flusser, Jesus, Reinbek bei Hamburg 2005

D. J. Goldhagen, Die katholische Kirche und der Holocaust. Eine Untersuchung über Schuld und Sühne, Berlin 2002

A. Herzig, Jüdische Geschichte in Deutschland. Von den Anfängen bis zur Gegenwart, München 1997

W. Homolka / E. Seidel, Nicht durch Geburt allein. Übertritt zum Judentum. Mit einem Vorwort von Pinchas Lapide, München 1995

M. Kaplan (Hg.), Geschichte des jüdischen Alltags in Deutschland, München 2003

D. Kertzer, Die Päpste gegen die Juden. Der Vatikan und die Entstehung des modernen Antisemitismus, München 2004

W. Laqueur, Der Weg zum Staat Israel. Geschichte des Zionismus, Wien 1972

P. Nave-Levinson, Was wurde aus Saras Töchtern? Frauen im Judentum, Gütersloh 1987

P. Schäfer, Geschichte der Juden in der Antike.

Die Juden Palästinas von Alexander dem Großen bis zur arabischen Eroberung, Stuttgart 1983

G. Scholem, Die jüdische Mystik in ihren Hauptströmungen, Frankfurt a. M. 1993

D. J. van der Sluis u. a., „Alle Morgen neu". Einführung in die jüdische Gedankenwelt anhand eines der wichtigsten jüdischen Gebete: Achtzehngebet, Wittingen 2005

Ssidur Hatefillot, Das Jüdische Gebetbuch. Hg. von Jonathan Magonet in Zusammenarbeit mit Walter Jacob und Walter Homolka, Band I, Gebete für Schabbat, Wochentage und Pilgerfeste, Band II, Gebete für die Hohen Feiertage, Gütersloh 1997

G. Stemberger, Das klassische Judentum. Kultur und Geschichte der rabbinischen Zeit, München 1979

G. Stemberger, Der Talmud, Einführung, Texte, Erläuterungen, München 1987

M. Zemer, Jüdisches Religionsgesetz heute. Progressive Halacha, Neukirchen-Vluyn 1999